普通高等职业教育规划教材
21世纪卓越汽车应用型人才培养专用教材

汽车商务礼仪实训

组　编　中锐教育研究院
主　编　刘　韵　杨红艳　杨　娜

同济大学 出版社
TONGJI UNIVERSITY PRESS

内容提要

本书根据德国工商大会(IHK)教学模式和教学标准,结合中国汽车企业人才需求标准,将引进的德国汽车技术服务类课程经过本地化改编而成。内容组织上以工作过程系统化为导向,以学习情境为教学单元,将工作过程系统地映射到教学过程中。通过完成学习情境中设定的任务,采用知识准备、小组讨论或情境演练、检查评估等教学环节达到培养学生专业能力、个人能力、社会能力的教学目标。

本书是中锐华汽教育推出的汽车技术服务与营销类课程系列教材的第2个学习领域"汽车商务礼仪实训"。全书共分为6个学习情境,包括12个任务,参考课时为36课时。内容包括汽车商务礼仪,汽车商务形象礼仪,汽车商务接待礼仪,汽车商务拜访礼仪,汽车商务活动礼仪,汽车专业面试礼仪等。

本书适合高等职业院校汽车技术服务与营销类专业学生课堂使用,随本书配套有相应的电子版教学资源文件包供广大师生教学和学习使用。

图书在版编目(CIP)数据

汽车商务礼仪实训/刘韵,杨红艳,杨娜主编.--上海:同济大学出版社,2014.8 (2020.8 重印)

ISBN 978-7-5608-5519-6

Ⅰ.①汽⋯ Ⅱ.①刘⋯②杨⋯③杨⋯ Ⅲ.①汽车-商务-礼仪-高等职业教育-教材 Ⅳ.①F766

中国版本图书馆 CIP 数据核字(2014)第 116458 号

普通高等职业教育规划教材
21世纪卓越汽车应用型人才培养专用教材

汽车商务礼仪实训

组　编	中锐教育研究院	主　编	刘　韵　杨红艳　杨　娜
责任编辑	陈佳蔚	责任校对	徐春莲
封面设计	王　璐	项目执行	陈佳蔚　朱　莉

出版发行	同济大学出版社　www.tongjipress.com.cn
	(地址:上海市四平路1239号　邮编:200092　电话:021-65985622)
经　销	全国各地新华书店
印　刷	常熟大宏印刷有限公司
开　本	889mm×1194mm　1/16
印　张	8.5
印　数	7601-8700
字　数	272000
版　次	2014年8月第1版　2020年8月第7次印刷
书　号	ISBN 978-7-5608-5519-6
定　价	25.00元

本书若有印装质量问题,请向本社发行部调换　版权所有　侵权必究
封面图片如涉及版权,请与中锐教育集团联系,必付薄酬

普通高等职业教育规划教材
21世纪卓越汽车应用型人才培养专用教材
编审委员会

顾 问
　　陈晓明（中国机械工业教育发展中心主任）
　　　　　（教育部全国机械职业教育教学指导委员会副主任兼秘书长）
　　姜大源（教育部职业技术教育中心研究所研究员）

专家委员会主任
　　李理光（同济大学机械与能源工程学院副院长、教授、博士生导师）

专家委员会委员（按姓氏笔画排序）
　　王登峰（吉林大学汽车学院教授、博士生导师）
　　马　钧（同济大学汽车学院副院长、教授、博士）
　　左曙光（同济大学汽车学院教授、博士生导师）
　　朱西产（同济大学汽车安全技术研究所所长、教授、博士生导师）
　　刘　洋（广汇汽车服务股份公司人力资源总经理）
　　孙泽昌（同济大学汽车学院副院长、教授、博士生导师）
　　李春明（长春汽车工业高等专科学校副校长、教授）
　　李春祥（庞大汽贸集团股份有限公司人力资源总经理）
　　陈荣均（利星行汽车网络发展与培训部总经理）
　　张执玉（清华大学汽车工程系）
　　陈博玮（上汽大众VW服务技术培训部经理）
　　楼建伟（中锐教育集团总经理助理）
　　　　　（教育部全国机械职业教育教学指导委员会产教合作促进与指导委员会秘书长）
　　Britta Buschfeld（德国工商大会职业培训与教育总监）

编审委员会主任
　　周肖兴（中锐教育集团董事总经理）
　　　　　（教育部全国机械职业教育教学指导委员会产教合作促进与指导委员会主任委员）

编审委员会副主任
　　支文军（同济大学出版社社长、教授、博士生导师）
　　夏令伟（中锐教育集团研究院常务副院长）
　　　　　（中锐教育集团无锡南洋职业技术学院　汽车工程与管理学院院长、教授）
　　韩亚兰（中锐教育集团总经理助理）
　　　　　（中锐教育集团华汽事业部　总经理）
　　钱　强（中锐教育集团无锡南洋职业技术学院　汽车工程与管理学院副院长、副教授）
　　田久民（中锐教育集团总经理助理）
　　　　　（中锐教育集团敏捷科技有限公司总经理）
　　商传辉（中锐教育集团庞锐商学院　院长）

编　委（按姓氏笔画排序）
　　丁雪涛　于得江　王和平　王建邦　王晓峰　孙会永　包科杰　龙　超
　　卢海坤　朱玉合　李　权　刘佳霓　朱　莉　张　宇　陈光忠　张　芳
　　杨运来　吴建刚　陈　荷　肖　翔　陈智刚　周有源　岳　震　荆旭龙
　　赵成龙　赵　彬　宫　斌　袁宝俊　席振鹏　高培金　贾清华　徐景山
　　康　华　梁建和　章俊成　韩玉科　鲁学柱　薛　淼　戴　华　魏春雷

序（一）

职业教育与普通教育的显著差别，在于职业教育是一种跨界的教育。职业教育所具有的这一跨界特征，集中表现在如下三个方面：

其一，校企合作的办学模式，跨越了传统的只有学校一个学习地点的围城，由此，职业教育既要关注学校教育的规律，还要关注企业教育的规律；

其二，工学结合的人才培养，跨越了传统的只有课堂一种学习方式的视域，由此，职业教育既要关注基于认知的学习方式，又要关注基于工作的学习方式；

其三，职业教育的培养目标，跨越了传统的只有教育一种社会功能的范畴，由此，职业教育既要关注教书育人张扬个性的教育目标，又要关注服务经济社会发展的目标。

纵观世界，凡是职业教育比较发达的国家，例如，德国、瑞士的"双元制"职业教育、澳大利亚的"技术与继续教育"等，正是由于其遵循了这一跨界的基本规律，都为各自国家经济、社会的发展，提供了大批高质量、高素质的技能人才，使得职业教育成为国家核心竞争力的要素。

任何类型的教育，课程始终是人才培养的核心。跨界的职业教育，其课程也必然要遵循跨界的基本规律。20世纪末，德国"双元制"职业教育对课程进行了全方位的改革，提出了被称为"学习领域"的课程方案。这是在对传统的、基于知识存储的学科系统指向的课程的革命性突破的基础之上，所提出的一种现代的、基于知识应用的工作过程导向的课程。

德国职业教育发展的这一宝贵经验，为中国职业教育的改革提供了学习和借鉴的参照。伴随着中国改革开放30多年的进程，中国职业教育如何才能为国家现代化建设培养大批既能满足经济发展需要，又能满足个性发展需要的高素质技能人才呢？为此，我国职业教育战线的有识之士，紧密结合国情，对此进行了卓有成效的探索。近十多年来，随着德国基于工作过程的学习领域课程的引入，也引发了我们对职业教育课程本质的思考：要实现企业需求与个性发展的集成，进而实现职业性与教育性的结合，一方面要求课程改革必须从知识的存储为主转向知识的应用为主；另一方面，还要求学习国外的经验必须从简单照搬转向借鉴创新。近年来，在课程改革的过程中，我们通过融入中国哲学思想的本土化尝试，在德国工作过程导向的课程方案的基础上，提出了工作过程系统化的课程方案，从而在理论创新和实践探索方面，都取得了较大的成效。

所谓工作过程系统化课程，其本质在于：第一，课程体系的构建必须遵循职业成长的规律和认知学习的规律，要把功利性的需求与人本性的发展结合起来；课程体系中的每一门课程，都是一个经过教育学的"模式化处理"的、源于实践而高于实践的完整的工作过程，课程名称采用动宾结构的词组而非纯名词的词组，以突显职业教育的特征；第二，每门课程的设计必须由三个以上的学习情境构成，旨在通过基于同一范畴的三个以上工作过程的比较学习，使学生通过"比较—迁移—内化"

的学习过程,获得思维方式的训练,以获得可持续发展的能力。在这里,学习情境的设计还要遵循两个重要原则:一是学习情境的设计必须具备典型的工作过程特征,即要突显不同职业的工作对象、内容、手段、组织、产品和环境等六个要素的特征,这是对已经存在的、与职业相关的具体工作过程的映射与把握,旨在使学生获得从业的职业能力;二是学习情境的设计还必须实现完整的思维过程训练,即要完成逐步增强的所谓资讯、决策、计划、实施、检查、评价的"六阶段"训练,这是对指导一切具体工作过程的"工作过程"——思维工作过程的概括与抽象,以应对未知的职业具体工作过程,旨在使学生获得致力于自身发展的方法论能力。

令人欣慰的是,近年来,工作过程系统化课程已逐渐为广大职业院校所认同。职业教育的课程,已逐渐摆脱传统的学科结构系统化课程的束缚,向着更加符合职业教育规律的工作过程系统化课程的改革方向前行。而更加令人高兴的是,除了教育部门的职业院校和经济部门的行业企业,在职业教育受到越来越多的社会各界重视和关注的同时,国内的一些教育集团或公司,更是对职业教育注入了极大的热情,并身体力行,在职业教育的课程开发和教学软件等方面,做出了很大贡献。

其中,致力于职业教育投资、管理和服务的中锐集团公司,就是众多成绩和效果都比较突出的公司中的一个。中锐集团公司顺应市场需求,以汽车职业教育为龙头,与国内40多所高校共建汽车职业教育汽车学院与实训基地,并结合国内汽车企业相关岗位的用人标准及国内高职院校的实际情况,在参照德国"工作过导向"的学习领域课程方案的基础上,根据我国自行开发的工作过程系统化课程的理论创新和设计思路,编写了一套相关教材。

例如,"汽车检测与维修专业",首先,在课程体系的开发方面,设置了17个学习领域。这17个学习领域课程被分为三个学习阶段:第一阶段以学习汽车维护保养和机械结构检修为主,第二阶段以学习汽车电控系统检修为主,第三阶段以学习汽车综合故障诊断和整车性能检测为主。这样的递进安排遵循了由浅入深、由简单到复杂、由经验到策略的技能成长规律;其次,在每门课程的开发方面,又为每一学习领域设置了三个以上的学习情境,每一学习情境又都是一个完整的工作过程,遵循比较—迁移—内化的学习规律。

在逻辑上,这些学习情境之间具有平行、递进和包容等关系。比如,"汽油发动机管理系统故障诊断与维修"学习领域,设置了"空气供给系统检修"、"燃油供给系统检修"、"点火系统检修"、"排放系统检修"、"综合故障检修"等5个学习情境,前4个学习情境之间为并列关系,第5个情境与前4个情境为包容关系。每一学习情境的内部结构,也是按照完整的工作过程序化的,如在"空气供给系统检修"这个学习情境中,根据故障检修的实际工作顺序,又分为"空气流量计的检修"、"进气压力传感器的检修"、"节气门体的检修"三个阶段性的任务。

由于课程设计始终遵循"操作步骤重复而内容不重复"的工作过程系统化原则,通过对5个学习情境所体现的检修工作过程的比较,不仅能使学生把握"空气供给系统检修"的具体工作过程,而且能逐渐把握"资讯、决策、计划、实施、检查、评价"的思维工作过程。其中,在"资讯"环节给出汽修行业操作规范的共性的操作步骤;在"计划"和"实施"环节,要求学生结合在教学中使用的多种不同实训车型,制定出差异化的工作计划并实施;然后通过对不同实训车型的重复多次的操作,不仅可使学生达到职业要求的熟练操作程度,而且又通过对不同实训车型制定不同实施方案的比较学习,有利于培养学生应对同一工作过程中出现的不同情况而采用不同处理方法的能力,最终实现由经验型技能向策略型技能的跃迁。

中锐教育集团在研发这套教材的同时,还开发出了配套的教学设备和教学软件,实现了课程教材、教学设备、教学软件三个教学元素的一体化。这就使得职业教育的课程开发、教学实施,获得了相关教学资源的支撑。

总之,这套教材不仅引入了德国的"双元制"职业教育理念,而且结合了中国汽车行业对人才的需求和岗位要求,体现和反映了中国汽车行业的一些特点。

真诚希望中锐教育集团公司这套教材的出版,能对我国汽车职业教育的教学改革和创新有所裨益,也期待有更多的教育公司等社会机构,参加和参与职业教育。

同样,祈望各位读者朋友们,也能对这套教材提出宝贵的意见和建议。

升级版的中国经济发展,呼唤着升级版的职业教育,让我们为之奋斗吧!

(教育部职业技术教育中心研究所研究员)

2013 年 7 月 20 日

Vorwort

Gerne komme ich der herzlichen Einladung der Chiway Education Group Shanghai nach, dieses Vorwort zu verfassen.

Bereit seit Jahren verfolge ich äußerst interessiert die Entwicklung der Chiway Education Group Shanghai im Bereich der beruflichen Bildung. Dabei beindruckt mich insbesondere ein derzeit laufendes, innovatives Berufsbildungsmodell, das sich durch die Kooperation zwischen Industrie und Schule auszeichnet.

Der Austausch und die Kooperation zwischen China und Deutschland im Bereich der beruflichen Bildung entwickelnin einer sehr positiven Art in schnellen Schritten immer weiter. Die AHK widmet sich dabei intensiv dem Transfer dualer Prinzipien des bewährten deutschen Systems der dualen Berufsausbildung nach China.

Nach mehrjährigen Erfahrungen bei der Übertragung und Durchführen wurde immer klarer, dass wir in China andere Voraussetzungen als in Deutschland vorfinden. Daher kann und darf das deutsche System der dualen Berufsausbildung nicht einfach kopiert werden.

Jedoch hat die Idee der dualen Berufsausbildung in China bereits fruchtbaren Boden gefunden um sich weiter zu entwickeln und alle beteiligten Parteien wie berufliche Schulen, Berufsbildungsgruppen und Unternehmenkönnen davon profitieren.

Chiway, als eine markführende Berufsbildungsgruppe hat bereits viele interessante Erfahrungen mit dem Berufsbildungsmodell gesammelt und konnte dadurch große Erfolge erzielen. Bildungsaktivitäten wie Curriculum Entwicklung, Unterricht, Zusammenstellung der Lehrbücher, Einführen der praktischen bzw. Betrieblichen Ausbildung seien hier beispielhaft angeführt.

Durch den Aufbau einer strategischen Kooperationspartnerschaft mit der AHK stärkt Chiway zugleich die Kooperation und den Austausch mit Deutschland im Bereich der beruflichen Bildung.

In Deutschland benutzt man eine Vielzahl von Lernmaterialien, unter anderem sollen die Schüler Arbeitsaufträge erledigen und Arbeitsblätter bearbeiten. Bereits in die Unterrichtsvorbereitung muss der Lehrer viel Arbeit und pädagogisches Geschick legen. Im Unterricht werden die Schüler arbeitsprozessorientiert herangeführt, Arbeitsblätter zu bearbeiten, Arbeitsaufträge zu erledigen, und Projekte selbstständig durchzuführen. Hierdurch stehen die Schüler im Unterricht im Mittelpunkt und werden zum aktiven Lernen motiviert.

Die Situationen in Deutschland sind anders als in China, auch der Markt in Deutschland ist anders, d. h. der Markt in Deutschland dafür reifer als in China. Die deutschen Arbeitsaufträge oder Arbeitsblätter einfach unverändert in chinesische Lehrbücher zu übernehmen kann sicherlich nicht erfolgreich sein. Daher hat Chiway die deutschen Ideen zur dualen Berufsbildung, die vom Ausbildungsumfeld und den betrieblichen Bedürfnissen ausgehen aufgegriffen und innovativ auf die chinesischen Verhältnisse angepasst.

Die praxisorientierte Durchführung der Berufsausbildung durch Chiway bringt uns viele wertvolle Erfahrungen beim Transfer der deutschen Berufsbildung nach China. Die innovative Entwicklung der chinesischen Berufsbildung wird davon profitieren und sich auszahlen.

Ich wünsche Chiway weiterhin viel Erfolg im Bereich der beruflichen Bildung.

Britta Buschfeld

2013.7

序(二)

  应上海中锐教育集团盛情之邀,为这套教材作序。实际上近些年个人一直在关注中锐的职业教育工作,吸引我的是其正在实践和创新的产教合作职教模式。

  中德之间在职业教育领域的交流和合作一直在蓬勃进行当中,德国工商会也一直致力于把德国的职业教育体系双元制原则引入到中国。经过不断的尝试和实践,我们发现,中国与德国国情不同,无法照搬照抄德国双元制职业教育体系,但双元制的职业教育理念在中国获得了丰富的土壤,职业院校、职教集团、用人企业都获益匪浅。中锐作为一家领先的职业教育集团,在职业教育模式上做了很多有趣的尝试并获得了很大的成果,其中就包括在课程开发、教学、教材编写、学生实习实训等教育活动中引入德国的双元制职业教育理念。同时,中锐也通过与德国工商大会上海代表处建立战略合作关系加强了与德国职业教育领域的合作和交流。

  实际上,原汁原味的德国职教模式在教学中使用多种素材,其中包括项目单或工作页,教师在课下做足功夫,课堂上按照项目教学法及面向工作过程教学法引导学生完成项目单或工作页内容的填写,充分发挥学生在教学中的主体作用,调动学生学习的主动性和积极性。中国与德国国情不同,汽车市场的发育成熟度也不一样,在教材内容的选择上,简单照搬德国项目单或工作页上的内容显然是行不通的。对此,中锐在引进和吸收德国职业教育的思想和理念基础上,根据教学环境、企业需求等实际情况进行了本土化的创新。

  中锐的职教实践为我们总结出了很多值得借鉴的德国职教模式中国本土化的宝贵经验。中国职业教育的创新发展必能从中获益。

  祝愿中锐教育集团在职业教育领域再创辉煌!

Britta Buschfeld

(德国工商大会职业培训与教育总监)

2013 年 7 月

前　言

礼仪是人际交往的艺术，是现代人的处世根本，是成功者的潜在资本。礼仪是一门综合性较强的行为科学，是人类生活和社会交往中约定俗成的一种规范，人们可以根据各式各样的礼仪规范，正确把握与人交往的尺度，合理地处理好人与人的关系。

在人际交往中，一个人的礼仪修养常常影响着他人对自己的评价，在人们的印象中，有礼貌、有教养的人总是有着相应的良好品质和人格，这对一个人的成功、人脉积累都有所帮助。如果能够恰当地运用礼仪知识，将有助于各项商务活动的顺利进行。

在商务活动中，礼仪是用以维护企业形象或个人形象，对交往对象表示尊重和友好的行为规范。任何公司成员的个人形象都蕴涵着公司的文化，体现着公司的形象，并且代表着公司产品的形象，因此，商务礼仪对汽车服务人员来说极其重要。

本学习领域是中锐华汽教育推出的高等职业院校汽车技术服务与营销专业12个学习领域中的第2个学习领域。根据高等教育改革的方向，结合汽车服务企业对汽车服务人员的商务礼仪要求，按照情境式教学法和任务式教学法编著了本书。通过该领域的学习，在学生中普及汽车行业的职业礼仪和岗位礼仪，使学生在校期间，有意识地塑造个人礼仪规范，严谨、专业、有礼、有节的个人形象和提升个人整体素质。同时，在以后的就业中，就能更好地满足在工作岗位中企业的良好形象和美誉度以及尽快适应企业的工作岗位需求，从而提高企业的核心竞争力。

本学习领域系统地讲解了汽车商务礼仪，并以情境式教学法和任务式教学法对各个情景做了详尽的介绍。通过学习目标、情境导入、知识准备来引导学生思考，再通过学习情境下分配的任务共同完成整个情境的学习。在每个学习任务里，通过"知识准备"环节的学习掌握一定的理论基础，通过完成"小组讨论"或"小组演练"环节增加实战体验和经历。将汽车商务礼仪运用到生活和工作中，以此来培养和锻炼学生们成为一名优秀的汽车服务人员。

本学习领域共6个学习情境，12个任务，参考课时为36课时。内容包括：汽车商务礼仪，汽车商务形象礼仪，汽车商务接待礼仪，汽车商务拜访礼仪，汽车商务活动礼仪，汽车专业面试礼仪等。

本书由刘韵、杨红艳、杨娜担任主编。在本书的编写过程中，机械工业教育发展中心主任陈晓明、教育部职业技术教育中心研究所研究员姜大源、德国工商大会（IHK）上海代表处职业培训与教育总监白丽塔（Britta Buschfeld）等给予了指导并提出了许多宝贵意见，在此深表感谢。

由于编者水平和能力有限，书中难免会出现一些不足与错误，敬请广大师生谅解和批评！

编　者

2014年6月

目 录

序（一）
Vorwort
序（二）
前言

学习情境1　汽车商务礼仪 ………………………………………………………………… 1

任务　认识汽车商务礼仪 …………………………………………………………………… 3
知识准备 ………………………………………………………………………………… 3
小组演练 ………………………………………………………………………………… 9

学习情境2　汽车商务形象礼仪 …………………………………………………………… 11

任务1　学习并演练汽车商务仪容礼仪 ………………………………………………… 13
知识准备 ………………………………………………………………………………… 13
小组演练 ………………………………………………………………………………… 21

任务2　学习并演练汽车商务着装礼仪 ………………………………………………… 22
知识准备 ………………………………………………………………………………… 22
小组演练 ………………………………………………………………………………… 26

任务3　学习并演练汽车商务仪表礼仪 ………………………………………………… 28
知识准备 ………………………………………………………………………………… 28
小组演练 ………………………………………………………………………………… 33

学习情境3　汽车商务接待礼仪 …………………………………………………………… 37

任务1　学习并演练汽车商务语言礼仪及通讯礼仪 …………………………………… 39
知识准备 ………………………………………………………………………………… 39
小组演练 ………………………………………………………………………………… 48

任务2　学习并演练汽车商务接待礼仪 ………………………………………………… 51
知识准备 ………………………………………………………………………………… 51
小组演练 ………………………………………………………………………………… 60

学习情境4　汽车商务拜访礼仪 …………………………………………………………… 63

任务1　学习并演练汽车商务拜访礼仪 ………………………………………………… 65
知识准备 ………………………………………………………………………………… 65
小组演练 ………………………………………………………………………………… 73

任务2　学习并演练汽车商务馈赠礼仪 ………………………………………………… 76

  知识准备 ··· 76
  小组演练 ··· 80

学习情境 5 汽车商务活动礼仪 ··· 85

 任务 1 学习并演练汽车会展礼仪 ··· 87
  知识准备 ··· 87
  小组演练 ··· 94
 任务 2 学习并演练汽车类庆典活动礼仪 ·· 97
  知识准备 ··· 97
  小组演练 ··· 103

学习情境 6 汽车专业面试礼仪 ··· 105

 任务 1 学习并演练汽车专业简历的制作 ·· 107
  知识准备 ··· 107
  小组演练 ··· 109
 任务 2 学习并演练汽车专业面试的相关礼仪 ··· 112
  知识准备 ··· 112
  小组演练 ··· 120

学习情境 1　汽车商务礼仪

学习目标

1. 了解礼仪的起源、原则与特征；
2. 熟悉汽车商务礼仪的作用及重要性；
3. 能够有意识地加强商务礼仪的运用。

情境导入

曾有媒体报道,扮演《泰坦尼克号》女主角的凯特·温氏兰特和男友回英国度假,在一家高档商店门前,其男友因穿着随便而被门卫拒之门外。凯特的男友大怒,指着大名鼎鼎的女友对门卫说:"你可知道她是谁?她就是《泰坦尼克号》中罗斯的扮演者——凯特!而我就是她的男朋友。"谁知这位门卫铁面无私,偏偏让他吃了闭门羹。最终,凯特的男友只好回到宾馆,换好服装后才得以迈进那家商店的大门。这是否就是礼仪应用得是否得体的最佳说明呢?

任务　认识汽车商务礼仪

学习目标

1. 能够了解礼仪的中外起源；
2. 能够知悉汽车商务礼仪的原则和构成；
3. 能够识别汽车商务礼仪的特征及作用。

学习内容

1. 礼仪的中外起源；
2. 汽车商务礼仪的概述；
3. 汽车商务礼仪的原则；
4. 汽车商务礼仪的构成；
5. 汽车商务礼仪的特征；
6. 汽车商务礼仪的作用。

知识准备

礼仪作为人际交往的重要的行为规范，它不是随意凭空臆造的，也不是可有可无的。了解礼仪的起源，有利于认识礼仪的本质，自觉地按照礼仪规范的要求进行社交活动。

1. 礼仪的起源

1) 中国礼仪的起源

礼仪随着人类文明的产生而产生，原始社会是礼仪的起源时期。现代礼仪源于礼，而礼的产生则可以追溯到远古时代。礼仪起源于祭祀。古代"礼"字写法见图1-1。"礼"字是会意字，"示"指神，从中可以分析出，"礼"字与古代祭祀神灵的仪式有关。古时祭祀活动不是随意地进行的，它是严格地按照一定的程序、一定的方式进行的。一方面，礼起源于原始的宗教祭祀活动，是由人类对大自然的认知过少而产生的崇拜引致；另一方面，礼起源于人类协调矛盾冲突的需要，因为人与人之间的交往需要借助一定的方式来传达善意，于是礼便因此产生和发展起来。

图1-1　礼

中华民族素有礼仪之邦的美誉，礼仪在中华文化的历史演进过程中，起着积极的推动作用。今天，经济的全球一体化和信息共享的网络化把现代人领到了一个无限伸展而又不断浓缩的空间，这就是"地球村"。在这个有着60亿居民的"村庄"里，交往和沟通日益频繁，说服和理解愈发重要，其中，作为公关"第一印象"的礼仪就更显得不可或缺。礼仪修养，不仅是人们必备的基本素质，而且是社会交往、商务活动和其他各项事业成功的一个重要条件。

2) 西方礼仪的起源

西方礼仪起源于法庭的规定。在西方，"礼仪"在法语中的原意是"法庭上的通行证"。古代法国为了保证法庭中活动的秩序,将印有法庭纪律的通告证发给进入法庭的每个人,作为遵守的规矩和行为准则。后来演变为"礼仪"的含义,成为人们交往中应遵循的规矩和准则。

西方的文明史,同样在很大程度上表现着人类对礼仪追求及其演进的历史。人类为了维持与发展血缘亲情以外的各种人际关系,避免"格斗"或"战争",逐步形成了各种与"格斗"、"战争"有关的动态礼仪。在古希腊的文献典籍中,如苏格拉底、柏拉图、亚里士多德等先哲的著述中,都有很多关于礼仪的论述。中世纪更是礼仪发展的鼎盛时代。文艺复兴以后,欧美的礼仪有了新的发展,从上层社会对遵循礼节的繁琐要求到20世纪中期对优美举止的赞赏,一直到适应社会平等关系的比较简单的礼仪规则。历史发展到今天,传统的礼仪文化不但没有随着市场经济发展和科技现代化而被抛弃,反而更加多姿多彩,国家有国家的礼制,民族有民族独特的礼仪习俗,各行各业都有自己的礼仪规范程式,国际上也有各国共同遵守的礼仪惯例等。

从上述关于礼仪的含义及其源流的叙述中,我们可以清楚地看到:第一,礼仪在中国作为社会秩序的一部分而受到中华民族历代贤良的广泛重视和提倡。第二,礼仪是为维系和发展人际关系而产生的,并随着人际关系和其他社会关系的发展变化而发展变化的。它不仅是社会交往的产物,也是国际文化交流的产物。第三,礼仪是施礼者与受礼者的情感互动过程。第四,礼仪是一种程序,有一定的规则,不是毫无联系的某些行为的堆积组合。第五,礼仪规范、程序是一定社会的人们约定俗成、共同认可的。第六,遵行礼仪是现代人文明的重要组成部分,是人际交往的重要手段和途径。

2. 汽车商务礼仪的概述

1) 商务礼仪

礼仪分商务礼仪、服务礼仪、社交礼仪、涉外礼仪和政务礼仪,商务礼仪是礼仪的一种表现形式,如图1-2所示。

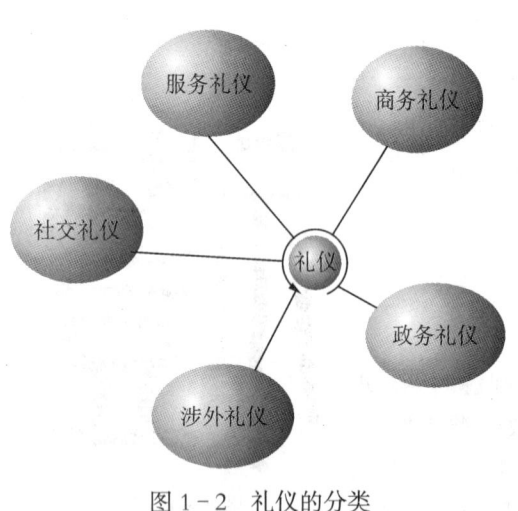

图1-2 礼仪的分类

商务礼仪是人们在商务活动中,用以维护企业或个人形象,体现人与人之间的相互尊重和友好,用以维系和谐关系的行为规范和准则。简而言之,商务礼仪就是商务人士在日常工作和商业活动中所表现出来的交往艺术,是礼仪在商务活动中的运用和体现。它与一般的社交礼仪有相似之处,但又非完全相同,它体现在商务活动中的所有环节,有着很强的职业性和规范性。商务活动是以商业利益为基础、以表示尊重为主要内容,以惯用的礼仪规范为形式、以融洽人际关系为目的的一种社交活动。

商务礼仪涵盖了商务活动中所需的各种职业素养和行为技巧,是企业文明程度、管理风格和道德水准及企业形象的综合体现。商务礼仪是树立良好形象、提高员工素质、维护商务活动中的人际关系、改善服务形象、提高服务能力的良药。

商务礼仪的内容主要包括商务人员如何树立个人形象及商务活动中如何热情地接待客户、如何融洽地进行商务谈判、成功地宣传商品、进行各种商务仪式、妥善地解决商务纠纷等。

2) 汽车商务礼仪

随着汽车产业的高速发展,汽车已进入寻常百姓家,专业化的汽车销售和售后服务,逐渐成为消费者关心汽车产品的焦点。各汽车企业都将提升企业形象和服务规范,提高顾客满意度和销售成功率,作为企业文化和制度建设的重要内容,从而提升企业的核心竞争力和美誉度。作为一名汽车商务人员,其一言一行不仅反映自身的专业形象、职业素养,而且折射出其所在公司的企业文化、品牌形象及经营管理境界。因此,汽车商务礼仪在汽车企业中有着举足轻重的作用。

礼仪也渗透到汽车商务领域,各汽车公司对礼仪知识的需求,越来越迫切。无论是人际沟通还是品牌、服务的推广,无论是员工素质的提升还是企业形象的宣传,都对礼仪提出了更高的要求。

汽车商务礼仪特指在汽车商务活动中的礼仪规范和准则,是一般礼仪在汽车商务活动中的运用和体现,是商务人员在汽车商务活动中为表示尊敬、善意和友好的一系列道德、规范、行为及惯用形式。它是汽车商务人员的个人仪表、仪容、姿态、言行举止、待人接物的准则,是商务人员个人的道德品质、内在修养、文化素养、精神风貌的外在表现。汽车商务人员礼仪如图1-3所示。

图1-3 汽车商务人员礼仪

3. 汽车商务礼仪的原则

在汽车商务活动中,商务人员要学习、应用商务礼仪,必须把握具有普遍性、共同性、指导性的礼仪规律,即商务礼仪的原则。掌握这些原则,将有助于更好地学习、应用商务礼仪。汽车商务礼仪的原则的八个方面如图1-4所示。

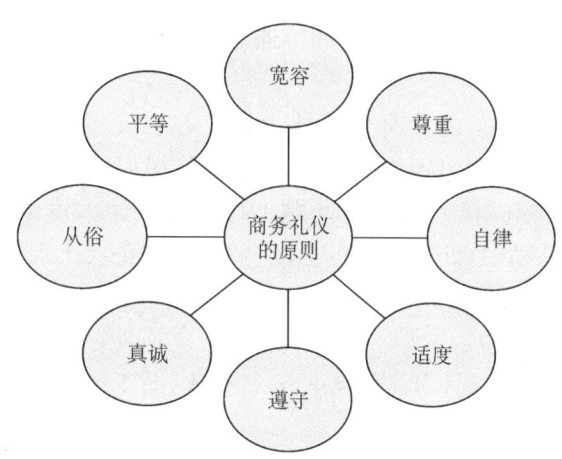

图1-4 商务礼仪的原则

1)尊重原则

礼仪本身从内容到形式都是尊重他人的具体表现。人际交往中的傲慢行为和轻蔑他人的态度,都会被视为缺乏礼貌或没有教养的表现。尊重他人是赢得他人尊重的前提。只有相互尊重,人与人之间的关系才会融洽和谐。

2)自律原则

礼仪要求每个个体都要首先约束、管理好自己的行为和语言,使自己的行为、语言与共同遵守的礼仪原则保持一致,要自己约束自己,自己控制自己。在交往中,根据环境的要求,掌握好标准、掌握好度,把自己的言行控制在礼仪规范所要求的范围中,做到既合乎常理、恰如其分,又言行得当、举止得体,不失礼仪。

3) 适度原则

适度的原则指交往应把握礼仪分寸,根据具体情况、具体情境而行使相应的礼仪。这是因为凡事过犹不及,运用礼仪时,假如做得过了头,或者做得不到位,都不能表达自己的敬人之意。

4) 遵守原则

在交际应酬之中,每一位参与者都必须自觉、自愿地遵守礼仪,以礼仪去规范自己在交际活动中的一言一行、一举一动。对于礼仪,不仅要学习、了解,更重要的是学以致用,要将其付诸个人社交实践。任何人,不论身份高低、职位大小、财富多寡,都有自觉遵守礼仪和应用礼仪的义务。否则,就会受到公众的指责,交际就难以成功,这就是遵守的原则。没有这一条,就谈不上礼仪的应用、推广。

5) 真诚原则

真诚就是在交往中要做到表里如一、诚心诚意、言行一致,不搞隐瞒和欺诈。只有如此,在运用礼仪时所表达出的对交往对象的尊敬和友好,才会更好地被对方所理解、所接受。

6) 从俗原则

由于国情、民族、文化背景的不同,在人际交往中,实际上存在着"十里不同风,百里不同俗"的局面。不能唯我独尊,认为只有自己才是最正确的,简单否定他人不同于己的做法。必要之时,必须入乡随俗,与绝大多数人的习惯保持一致,切勿有目中无人、自以为是、指手画脚、随意批评、否定他人的习惯做法。

7) 平等原则

平等的原则是指在交往中,要以礼待人,有来有往。既不能盛气凌人,也不能卑躬屈膝。要在与人交往的过程中体现平等的原则就要做到对任何交往对象一视同仁,给予同等程度的礼遇。不能因为他们的年龄、性别、种族、文化、职业、身份、地位、穿着、财富以及与自己的关系亲疏远近等方面有所不同,就厚此薄彼,区别对待,给予不同的待遇。

8) 宽容原则

宽容就是心胸坦荡、豁达大度,能设身处地地为他人着想,谅解他人的过失,不计较个人得失,有很强的容纳意识和自控能力。中国传统文化历来重视并提倡宽容这一道德原则,并把宽以待人视为一种为人处世的基本美德。在人际纷争问题上应保持豁达大度的品格和态度。从事商务活动,也要宽以待人。在商务活动中,处于各自的立场和利益,难免会出现冲突和误解。

4. 汽车商务礼仪的构成

汽车商务礼仪由主体、客体、媒体和环境等四要素构成(图1-5)。

1) 礼仪的主体

礼仪的主体既可以是个人,也可以是组织。当礼仪活动规模较小、较为简单时,其主体通常是个人。例如,餐厅服务人员面带微笑,使用礼貌服务用语,以良好的姿态接待宾客,这个服务员就是礼仪行为的主体。当礼仪活动规模较大、较为复杂时,其主体通常是组织。

2) 礼仪的客体

礼仪的客体,又叫礼仪的对象,它指的是礼仪活动的指向者或承受者。例如,一个学生在路上遇到老师时向老师行礼,老师就是学生礼仪的对象,是礼仪的客体;当国歌响起、五星红旗冉冉升起时,人们肃立并行注目礼、唱国

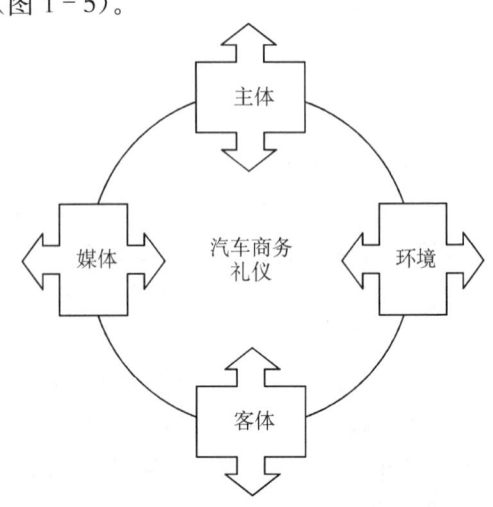

图1-5 汽车商务礼仪的构成要素

歌,我们伟大的祖国和五星红旗就是人们礼仪的对象,是礼仪的客体。礼仪的客体可以是人,也可以是物;可以是物质的,也可以是精神的;可以是有形的,也可以是无形的。

3) 礼仪的媒体

任何礼仪活动和礼仪行为,都必须依托一定的媒介,这个媒介就叫做礼仪的媒体。礼仪媒体的类型多种多样:人体礼仪媒体,如人际交往中的手势、身体姿势、面部表情等;物体礼仪媒体,如名片、请柬、鲜花等;事体礼仪媒体,如开业庆典、周年纪念、签字仪式等。任何礼仪都必须使用礼仪媒体,不使用礼仪媒体的礼仪不可能存在。

4) 礼仪的环境

任何礼仪行为和活动,都是在特定的时间和空间下进行的,实施礼仪行为和礼仪活动的特定时空条件,即为礼仪的环境。礼仪环境的内容十分复杂,大体上可以分为自然环境和社会环境两个方面。礼仪的环境,经常制约着礼仪的实施。它不仅决定着实施何种礼仪,而且决定着礼仪的具体实施方法。

5. 汽车商务礼仪的特征

在汽车商务活动中,礼仪具有规范性、对象性、可操作性、传承性、共同性、差异性、发展性等特征。

1) 规范性

所谓规范就是人们照着去做的标准。没有规矩不成方圆,规范性约束着商务人员的仪容、仪表、仪态和行为举止,使其符合商务职场的礼仪规范。如怎样接电话,如何处理客户异议、宴请礼节、统一着装等。

2) 对象性

生活中的很多礼仪都受环境、场合、身份、对象的限定,其行礼的仪式也有差别。汽车商务礼仪更是如此,应满足企业品牌形象和企业经营理念的需要,在交往中区分对象、因人而异。如经销高档车的企业和经销低档车的企业在企业形象和员工形象上就应有所不同,以更好地使顾客了解企业的文化及产品。

3) 可操作性

可操作性即商务人员应该如何去做,不该如何做,并非纸上谈兵,而是既有总体上的礼仪原则、礼仪规范,又有具体的方式、方法。

4) 传承性

任何国家的礼仪都具有鲜明的民族特色,任何国家的当代礼仪都是在古代礼仪的基础上去其糟粕取其精华后继承发展起来的,这就是礼仪传承性的特定含义。汽车商务礼仪更是如此。以丰田汽车为例,具有悠久历史的丰田汽车,经过数十年乃至百年的文化沉淀,已成为融入全世界各地文化、礼俗元素的丰田品牌商务礼仪,不会因国籍、地域文化的不同而改变其对品牌服务的标准。

5) 共同性

礼仪是在人类共同生活的基础上形成的,是同一社会中,全体成员协调相互关系的行为规范。礼仪随着社会生产、生存环境和生活形态的变化而不断充实完善,逐渐成为社会各阶层共同遵守的行为准则。礼仪的内容大都以约定俗成的民俗习惯、特定文化为依据,集中地反映了一定时间、空间范围内人们共同的文化心理和生活习惯,从而带有明显的共同性。

6) 差异性

礼仪作为一种约定俗成的行为规范,其运用要受到时间、地点和环境的约束,同一事件会因时间、地点或对象的变化而有不同的礼仪要求。这就是礼仪的差异性特点。不同的文化背景,产生不同的礼仪文化。不同的地域文化决定着礼仪的内容和形式。不同的民族,其风俗习惯、礼仪文化各有千秋。

7) 发展性

礼仪文化不是一成不变的,而是随着社会的进步不断发展。一方面,礼仪文化随着时代的不断进步而时刻地发生着变化;另一方面,随着国家对外交往的不断扩大,各国的政治、经济、思想、文化等诸多因素互相渗透,我国的传统礼仪自然也被赋予了许多新鲜的内容。礼仪向符合国际惯例的方向发展,礼仪规范更加国际化,形成了一整套既富有我国自己的传统特色,同时又符合国际惯例的礼仪规范。

8) 时代性

不同时代,人们的生活习惯都不一样,任何社会行为都要受到时代因素的影响,礼仪也不例外。它总是随着时代的发展而不断变化。

6. 汽车商务礼仪的作用

汽车商务礼仪的作用是内强素质、外塑形象。具体来说,汽车商务礼仪有如下几个重要作用:

1) 有助于提高商务人员的个人形象

个人形象是一个人仪容、表情、举止、服饰、谈吐、教养的集合,汽车商务人员学习、运用商务礼仪,有益于其更好、更规范地设计、维护个人形象,更好、更充分地展示商务人员的良好教养和优雅的风度。商务人员的个人形象提高了,客户关系将会更和睦,商务活动将会更温馨。

2) 有助于建立良好的人际关系

在商务活动中,随着交往的深入,双方可能会产生一定的情绪体验。一般表现为两种感情状态:一是感情共鸣,二是情感排斥。礼仪容易使双方相互吸引、增进感情,促使良好人际关系的建立和发展。

商务礼仪能够使商务人员树立起一种内心的道德信念和礼貌修养准则,使人们不断提高自我约束、自我克制的能力,从而使人与人进行商务交往时,自觉按礼仪规范执行,而无须别人的提示与监督。

3) 有助于维护企业的形象

对企业来说,商务礼仪是企业价值观念、道德观念、员工素质的整体体现,是企业文明程度的重要标志。商务礼仪可强化企业的道德要求,树立企业的良好形象。商务礼仪使企业的规章制度、规范和道德具体化为一些固定的行为模式,从而对这些规范起到强化作用。

4) 有助于提高商务活动的效益

汽车礼仪服务是优质服务的重要内容,它通过规范服务人员的仪容、仪表、服务用语、操作程序等,使服务质量具体化、标准化、制度化,使顾客感觉被尊重,并得到感情上的满足,从而会多次光临,这样就会给企业带来较好的经济效益。

综上所述,汽车商务礼仪是汽车销售人员在销售活动中应遵循的行为规范和准则,它指导和协调商务人员在销售活动中实施有利于处理客户关系的言行举止。汽车商务礼仪不仅能够帮助汽车商务人员树立良好的个人形象,还能帮助企业树立优秀的组织形象。汽车商务礼仪行为是信息性很强的行为,汽车商务人员和客户在通过礼仪行为获得信息的同时,还在联络感情。同时,更加有助于商务人员建立与提升服务意识,提高工作效率与质量,使商务人员掌握一定的客户沟通与处理客诉技巧,不断提升优化服务水平。

小组演练

1. 提出演练要求

（1）全班分成2组，选举小组长，并推选2～3名代表，其中一名扮演销售顾问，其他人员扮演客户；

（2）演练之前，由指导老师扮演客户带领全班同学对2组体现原则的脚本进行朗读；

（3）朗读完毕之后，各小组利用10分钟的时间进行小组内部的演练和对脚本的分析；

（4）小组演练完毕之后，各小组在老师的安排下轮流上台进行脚本演练；

（5）演练过程中，其他同学认真听讲，并记录演练全过程；

（6）演练完毕后，由指导老师带领全班成员对各小组演练结果进行点评。

2. 进行演练

【场景描述】

客户胡先生，是个比较内向的人，最近听说要汽车限牌了，于是加快了购车的步伐。这个周末一个人第一次到福特4S店看车来了。

下面为大家介绍了失败的案例和成功的案例，其中有很多值得大家学习的地方，望大家能够活学活用，共同提高；对于失败的案例中，销售顾问所犯的错误也极具普遍性和典型，望大家引以为戒。

1）失败的案例

客户进店……

销售顾问：您好，欢迎光临福特4S店，请问先生是来看车的吗？

客户：看看车。

销售顾问：好的，这边请……这是我们最新上市的新款福克斯。（微笑并手势热情引导）

客户：嗯。（客户低头看车，随意应对）

销售顾问：新款福克斯最近很多客户都来看，您要不要进去感受感受？

客户：不用不用，我就随意看看。

销售顾问：现在购买这款车很划算的，我给您详细介绍下吧！（热情洋溢，对客户寸步不离紧跟不舍，并未留意客户是否需要）

客户：真不需要，我还没看好，就是想自己先看看。（客户有些烦躁……）

销售顾问：其实你自己看还不如直接问我，最近看的人特多，我给你讲讲，你看这造型多动感，空间又大，底盘很扎实，俗称"小钢炮"呢，来来来，要不要试驾一下？

客户：哦，不用了，我就是随便看看！（客户随即离开了展厅）

演练过程中，其他成员结合演练脚本内容和演练人员的表现，根据表1-1的内容进行概括。

表1-1 演练分析表

演练过程记录	
销售顾问在接待客户的过程中犯了哪个"原则"错误？	

2) 成功的案例

客户进店……

销售顾问：您好，欢迎光临福特4S店，请问先生是来看车的吗？

客户：看看车。

销售顾问：欢迎欢迎，里边请……先生是第一次来我们福特展厅吗？（热情接待并手势引导）

客户：嗯，第一次来。

销售顾问：我是销售顾问×××，不知道先生怎么称呼？（递出名片）

客户：我姓胡。

销售顾问：胡先生，不知道对我们展厅哪款车感兴趣？

客户：我自己随便看看，你就别跟着了，你忙你的吧！

销售顾问：好的，那您自己先看看，熟悉一下我们的展厅，买不买没有关系，有什么需要随时招呼我，我就在前面服务台整理些资料，您有任何需要我都会很好地为您服务！（给客户安静无压力的空间，尊重客户的选择）

客户：好的，谢谢！（客户轻松自由地看车！）

演练过程中，其他成员结合演练脚本内容和演练人员的表现，根据表1-2的内容进行概括。

表1-2 演练分析表

演练过程记录	
销售顾问的接待如何体现了"适度"的原则？	

3. 学习评估

指导老师根据各组员的个人表现及其所在小组的团体表现，对其演练过程进行评估。评估标准如表1-3所示。

表1-3 学习评估表

评估内容	满分	得分	原因分析
1. 演练时间的合理性	20		
2. 是否将脚本中的要点体现出来	20		
3. 脚本内容的熟练程度	20		
4. 对演练过程和演练脚本的总结程度	20		
5. 小组的团队协作能力	20		

学习情境 2　汽车商务形象礼仪

学习目标

1. 能够掌握汽车商务仪容礼仪；
2. 能够掌握汽车商务着装礼仪；
3. 能够掌握汽车商务仪表礼仪。

情境导入

2007年5月,某位明星在纽约参加时装学院庆典时,一袭黑白相间的泡泡长裙抢尽了风头,而更受关注的,却是她那双大煞风景的"内八字脚"。这样不雅的站姿,曾经多次出现,无疑让这位当红明星的优雅大打折扣。通过该情景的学习,你将学会商务仪容、商务着装和商务仪表的相关礼仪。

任务1　学习并演练汽车商务仪容礼仪

学习目标

1. 能够掌握汽车商务的仪容礼仪；
2. 能够掌握仪容礼仪注意要点。

学习内容

1. 面部仪容的基本礼仪；
2. 发部仪容的基本礼仪；
3. 肢体仪容的基本礼仪。

知识准备

仪容，通常是指人的外观、外貌，其中的重点，则是指人的容貌。在人际交往中，每个人的仪容都会引起交往对象的特别关注，并将影响到对方对自己的整体评价。在商务活动中，一个人的仪容不但可以体现他的文化修养，也可以反映他的审美趣味，不仅能赢得他人的信赖，给人留下良好的印象，而且还能够提高与人交往的能力。由此可见，仪容是一门艺术，同时它又是一种文化的体现。

仪容是一个人的自然的外观容貌，是形成优美良好礼仪形象的基本要素。从礼仪的角度来看，除了脸庞以外，还包括头发、颈部、手部，这是交际活动中最引人注目的地方。

1. 面部仪容的基本礼仪

在社会中初次与人交往，人们都会在不知不觉中使对方产生"此人气质很好"、"此人不友善"、"此人非常直爽"、"此人文静隽永"等印象，这都是人们在初次交往时，凭借对方的仪容而做出的结论，光鲜的面部是社交成功的关键。

美国前总统林肯身边曾经发生过这样一件有趣的事情，有人曾向他推荐一个人为内阁成员。林肯没有同意，他拒绝的理由是："我不喜欢他那副长相。""哦，可是这未免太苛刻吧？他不能对自己天生的面孔负责呀。"介绍人分辩说，林肯微微一笑，诙谐地说："不，一个人过了40岁，应该对自己的面孔负责。"由此可见，仪容修饰的基本常识在当今社会显得特别重要。讲究仪容美，这是人与人顺利交往，并获得社交成功的必要条件。

仪容之美，在于精心养护和修饰，面容修饰是仪容修饰的最主要环节。脸是一个人形象的最集中体现，是每个人对外的"窗口"，通过对一个人脸部的观察，就可以判断出他的素养和品位。如果不注意脸部的清洁卫生，对方一定会毫不留情地对你的印象"扣分"。自然简洁、光滑鲜亮的面部修饰，能够增添你的人格魅力，增强你的自信心，使你对生活拥有阳光般的热情。从某种意义来讲，面部修饰是社交成功的关键所在，因为它决定着其他礼仪程序能否顺利展开，以及别人是否接纳你。修饰的面容，各个不同的部位会有不同的要求：

1) 眼部

眼部由眼睛、睫毛、眉毛三个部分组成。"眼睛是心灵的窗户"，这句名言是意大利文艺复兴时期画家达·芬奇说的。眼睛是人类感官中最重要的器官,大脑中大约有80%的知识都是通过眼睛获取的,读书认字、看图赏画、看人物、欣赏美景等都要用到眼睛。

睫毛生长于睑缘前唇,是眼睛的第二道防线。若有尘埃等异物碰到睫毛,眼睑会反射性地合上,以保护眼球不受外来的侵犯。有遮光,防止灰尘、异物、汗水进入眼内和对角膜、眼球进行保护的作用。睫毛还能防止紫外线对眼睛的伤害。

眉毛是人体面部位于眼睛上方的毛发,有一定的生长周期,会自然脱落。眉毛是眼睛的"卫士",是眼睛的一道天然屏障,对眼睛有很好的保护作用。当脸上出汗或被雨淋了之后,它能把汗水和雨水挡住,防止流入眼睛刺激眼睛,也能防止眼睛上方落下来的尘土和异物。它是人脸部仪容美的重要组成部分。

眼部修饰的第一要求是保洁,要及时清除眼部的分泌物,随时关注是否有异物粘附在眼部周围,保持眼部周围干净,若眉形不雅观或不得体时,可以进行适当的修饰,要追求自然、美观、大方,如图2-1所示。

图2-1 修剪眉毛

2)耳朵的修饰

耳朵位于眼睛后面,它具有辨别振动的功能,能将振动发出的声音转换成神经信号,然后传给大脑。在大脑中,这些信号又被翻译成我们可以理解的词语、音乐和其他声音,如图2-2所示。

耳朵结构复杂,洗澡、洗头、洗脸时,可以用清水清洗耳朵表面及耳后,耳朵里沟回很多,容易藏污纳垢,应注意仔细清洁。清除耳垢时,避免伤及耳膜,可借助棉签及时清除耳孔中的分泌物。注意,不宜在公共场合清除耳垢。

3)鼻子的修饰

鼻子是嗅觉器官,也是人类呼吸的孔道。小小的鼻子,对人体健康起着重要作用。鼻子作为人体与空气打交道的第一关口,外与自然界相通,内与很多重要器官相连接。既是人体新陈代谢的重要器官之一,又是防止致病微生物、灰尘及各种脏物侵入的防线,由此可见,鼻子的清洁及保健不容忽视,这关系到身体的健康。

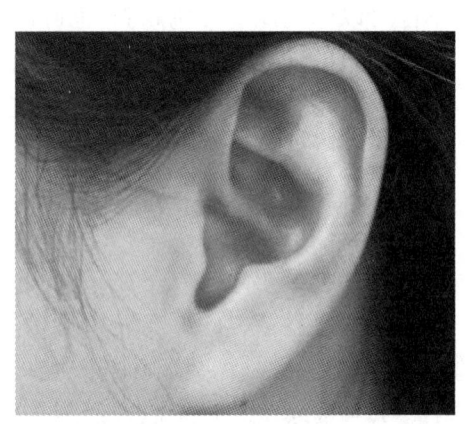

图2-2 耳朵

在现代化大都市中,人不可避免地要接触到充斥着灰尘、二氧化硫等各种污染物的空气,大气中的灰尘等难免在鼻腔内留下污垢,所以要时常清洁鼻子。在清洁鼻子时,除了清洁鼻子表面,也可借助盐水对鼻腔进行清洁,不让异物将鼻孔塞满,还要注意鼻翼两侧的清洁,因为鼻翼两侧是粉刺及黑头容易滋生的部位。鼻翼的清洁,如图2-3所示。

另外,在公共场合不要做吸鼻子、擤鼻涕的不雅动作,更不能挖鼻孔、拧鼻子等,仔细检查鼻毛是否已长到鼻孔外,如果出现这种情况,就要及时修剪,切不可当众用手拔鼻毛,这是不礼貌的表现。

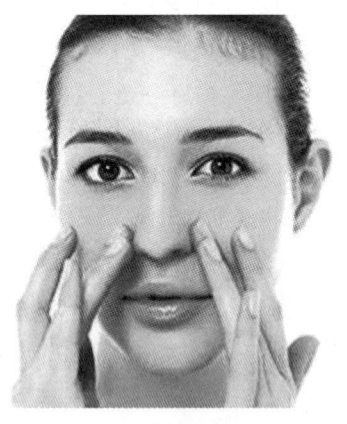

图2-3 清洁鼻翼两侧

4）嘴部的修饰

（1）牙齿护理

牙齿是人类身体最坚硬的器官，一般而言，牙齿呈白色，质地坚硬，人类语言发音与口中前排上下的牙齿密切相关。牙齿的整洁关系到社交活动和地位，如图2-4所示。

牙齿的清洁是仪容美的重要部分，而不洁的牙齿常被认为是交际中的障碍。当你露出发黑或发黄的牙齿谈笑风生时，是多么不雅；如果牙缝上留有牙垢，也会让人退避三舍。

牙齿洁白，口气清新是护理的基本要求，要做到坚持每天早晚刷牙，饭后漱口，以去除异物、异味，保持牙齿整洁。正确的刷牙方式是牙齿护理的基础课程（图2-5），并且要定期更换牙刷、牙膏。

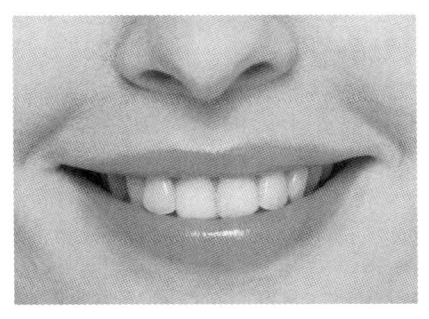

图2-4 整洁的牙齿

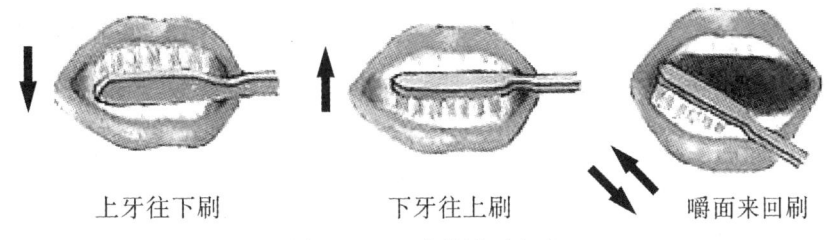

上牙往下刷　　　下牙往上刷　　　嚼面来回刷

图2-5 正确的刷牙方式

在商务活动之前忌食气味刺鼻的食物，如图2-6所示。另外，男士在进行商务活动当中尽量避免经常接触到烟、酒等有刺激性气味的物品。

（2）嘴唇

嘴唇是人脸部重要的一部分，口腔的美观，直接由嘴唇来体现，因此，我们一定要保护好我们的嘴唇。美丽的嘴唇，可以体现一个女人的美丽，性感，成熟，高贵，如图2-7所示，也可以表现一个男人的英俊，帅气和洒脱。

图2-6 气味刺鼻的食物　　　图2-7 嘴唇

天气干燥时，要多喝水，并时常使用润唇膏，保持唇部湿润。当唇部出现死皮时，不要撕扯死皮，这样容易使嘴唇受伤，可先用热毛巾热敷3~5分钟，然后用柔软的刷子（用热水泡过的牙刷也可)轻轻刷掉嘴唇上的死皮,之后抹上护唇膏。

(3) 胡须

胡须俗称胡子,泛指生长于男性上唇、下巴、面颊、两鬓或脖子的毛发。上唇的称为"八字胡"或"八字须",下巴的叫"山羊胡",两鬓连至下巴的叫"络腮胡",两颊上的叫"髯",如图2-8所示。

图2-8 胡须的种类　　　　　　　图2-9 男士整洁的脸部

"美髯公"在商务场合显得不够清洁、端庄,给人一种不尊重人的表现。所以在商务场合,男士若无特殊宗教信仰或民族习惯,尽可能不要留胡须,即使留也应整齐,并应定时剃须或修剪,使自己容光焕发,充满活力,如图2-9所示。

(4) 避免出现异响

在商务场合,咳嗽、哈欠、喷嚏、吐痰、清嗓、吸鼻、打嗝等不雅之声统称为异响,理应避免出现。如果不小心发生了异响,要向别人表示道歉。

5) 脸部妆容

女士在商务活动中需化妆,但以浅妆、淡妆为宜,不可浓妆艳抹,并避免使用气味浓烈的化妆品。

商务活动是较近距离的交往活动,在一般场合面部修饰一定要遵循自然美,给人以大方、悦目、清新的感觉,如图2-10所示。

只有在参加商务晚宴等特殊场合才可以修饰得稍微夸张、有个性一点,给人艳丽美,如图2-11所示。面部修饰得当,不仅使人更加美丽,还可以掩盖或矫正缺陷与不足。

图2-10 清新妆容

图2-11 晚宴妆容

（1）化妆的步骤

女士在商务场合应该以淡妆为主,化妆要自然,力求有妆似无妆。商务妆容的目的是展示健康、积极的形象,所以,好气色、醒目传神的眼睛和润泽的嘴唇就能传递出这种印象。成熟而自信的形象,只需用5件化妆产品:粉底液、腮红、睫毛膏、唇膏、唇彩,每天早上只需5分钟,一整天都会光彩照人,具体步骤如图2-12所示。

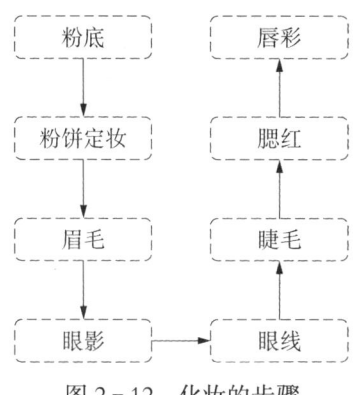

图2-12 化妆的步骤

① 粉底篇

涂抹粉底的顺序一般是额头→鼻梁→脸颊→下颌→眼睛→嘴周,如图2-13所示,用指腹轻拍（粉饼、粉刷）,正常肤色一般选择比自己肤色浅一号的粉底;黄气重的肤色,用紫色隔离先修正肤色,再上粉底;偏红的肤色,用绿色隔离先修正肤色,再上粉底。

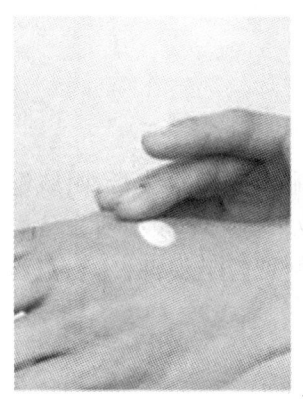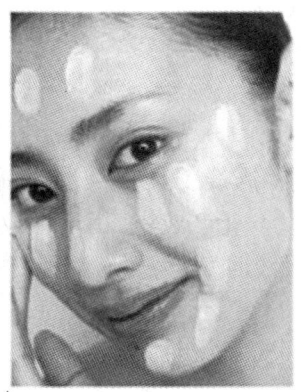

 图2-13 粉底的涂抹　　　　　　　　　 图2-14 定妆粉的使用

② 定妆篇

定妆的主要作用是让妆面更自然、通透和持久,如图2-14所示。定妆粉颜色应根据肤色来选择,暗沉无光泽的肤质一般选择带有珠光的蜜粉;油性肤质一般选择不带珠光的蜜粉或粉饼。

③ 眉毛篇

眉毛是用来衬托眼睛和改善脸型的宽窄长短的。男士一般无需修饰,当然如果有瑕疵也可进

17

行必要的修饰以求美观。女士则必须经常修剪眉毛并尽可能地修出适合的眉形,但是切记不能出现过浓的描画痕迹。画眉的技巧如图 2-15 所示。

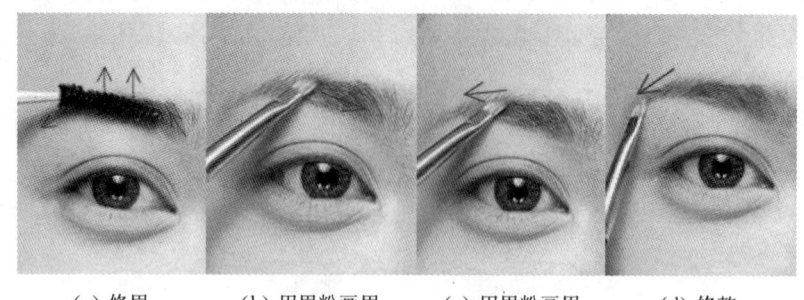

(a) 修眉　　(b) 用眉粉画眉　　(c) 用眉粉画眉　　(d) 修整

图 2-15　眉毛的画法

④ 眼影篇

眼影的主要作用是调整眼睛的形状,增强眼部立体感,增加神采。眼影的画法如图 2-16 所示。

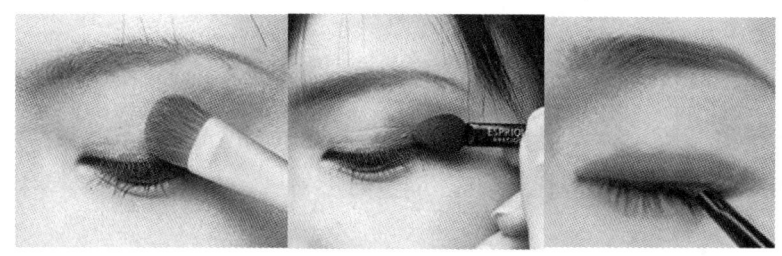

(a) 用浅色眼影打底　　(b) 用较深眼影晕染睫毛根部　　(c) 晕染出自然效果

图 2-16　眼影的画法

⑤ 眼线篇

画眼线的作用是调整眼部形状和增加眼部神韵。眼线工具有眼线笔、眼线液和眼线膏,眼线笔适合新手;眼线液不宜晕妆,并且线条清新;眼线膏适合化浓妆,适用于专业人士。上眼线适合从内眼角向外眼角处画,下眼线由外向内 2/3 处画,画眼线时,臂力要轻而稳、贴近睫毛根部,不要留有空隙,如图 2-17 所示。

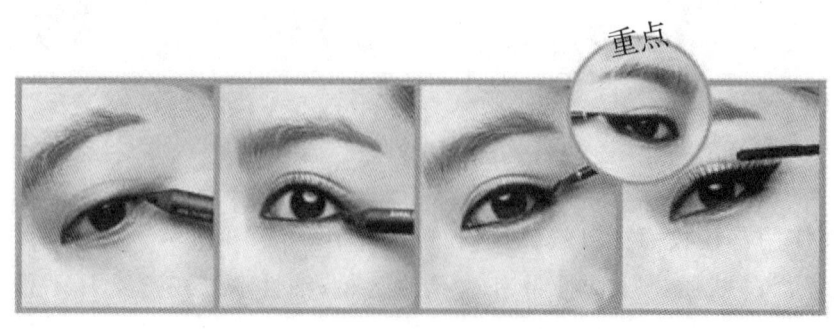

(a) 上眼线　　(b) 下眼线　　(c) 眼角　　(d) 睫毛

图 2-17　眼线的画法

⑥ 睫毛篇

大家都知道化妆中眼部是最重要的,因此一个眼睫毛的好坏将会直接影响整个妆面的效果,所以学会怎样画睫毛是非常重要的。睫毛膏以黑色为最佳,如图2-18所示,茶褐色虽然自然,但提神效果没有黑色好。

⑦ 腮红篇

腮红让脸部肌肤看上去更立体、肤色更健康(修饰脸型、气色)。涂抹腮红不高于耳际最高点,不低于鼻翼线,离鼻翼有两指宽的距离,呈斜角刷腮红,如图2-19所示。

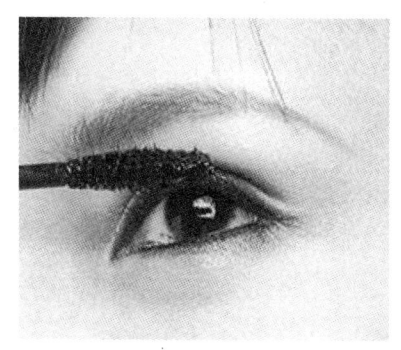

图2-18 睫毛画法

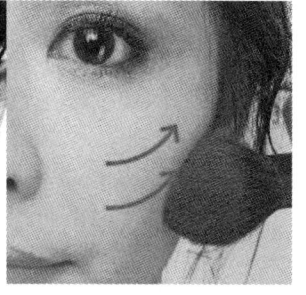

图2-19 腮红位置和涂法

⑧ 唇彩篇

选择浅色的口红或唇彩即可,以粉色、肉色、橘色为佳,如图2-20所示。

(2) 化妆的礼节

职业妆除了妆色淡雅含蓄,妆面效果自然,保持时间长久,还应注意以下几点:

① 应该避免过量使用芳香型化妆品;

② 工作岗位上应当避免当众化妆或补妆;

③ 女士们千万不要当着一般关系的异性的面,为自己化妆或补妆;

④ 应当戒与他人探讨化妆问题。

图2-20 唇部颜色

2. 发部仪容的基本礼仪

头发是人体的制高点,很能吸引他人的注意力。头发应保持适当的长度、整洁、干净、经常修剪,保证头发不粘连、无发屑、无异味。入秋之前对头发要精心保养,因为这时会出现头皮屑增多、脱发和断发,如发现发尖打岔,必须及时修剪。

1) 男士

男士的头发不应过长,前额的头发不要遮住眉毛,侧面的头发不要盖住耳朵,脑后的头发不要长过西装衬衫领的上部,头发不要过厚,鬓角不要过长,如图2-21所示。

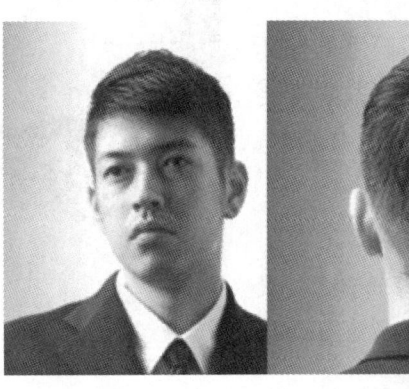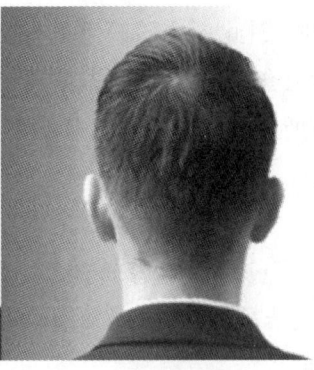

图 2-21 男士发型

2）女士

干练的短发是商务场合比较理想的发型,而打理得体的长发也是女性所喜爱的选择。一般说来,长发应以盘起、束起为宜。需要注意的是:无论何种发式,不要滥加装饰物,应选择自然色或深色饰品,如图 2-22 所示。

图 2-22 女士发型

3. 肢体仪容的基本礼仪

1）手部基本礼仪

（1）不要留长指甲。

（2）不涂画艳妆。汽车服务人员不应涂抹艳丽的指甲油。出于养护指甲的目的,可以涂无色的指甲油。为了美观和时尚在指甲上涂彩色指甲油或在指甲上进行艺术绘画,对于汽车服务人员来说容易造成本末倒置之感,让其他人难以接受。在手臂上刺字、贴画、纹身更不允许。

（3）不露出腋窝。汽车服务人员不要穿无袖外衣。

2）腿部基本礼仪

（1）下肢清洁:勤于洗脚,勤换袜子和鞋子。

（2）下肢遮掩:男士裤子长度适中；女士穿裙装时不光腿,不露脚趾。

（3）下肢的美化：注意腿毛，勤修剪趾甲，忌画彩妆。

3）颈部修饰

保持颈部干净，对于男士，衬衫衣领要干净，不能有异味。

小组演练

1. 提出演练要求

（1）全班分为5组，选举小组长，带领大家参与商务礼仪的演练；

（2）全班所有成员必须穿正装，男同学需系领带；

（3）指导老师根据演练内容，将演练项目平均分配给每个小组；

（4）各小组推选2~4名同学上台演练，对老师分配的演练项目实施演练；

（5）小组代表演练的同时，其他同学需认真观察，记录与标准不符的项目；

（6）演练完毕之后，指导老师带领大家一起进行演练项目的点评。

2. 进行演练

各小组按照商务礼仪项目进行演练，演练标准如表2-1所示。

表2-1 演练标准

商务礼仪项目	是否符合标准		指出不规范之处
	是	否	
头发			
口腔			
耳朵			
男士胡须			
女士淡妆			

3. 学习评估

指导老师根据各组员的个人表现及其所在小组的团体表现，对其演练过程进行评估。评估标准如表2-2所示。

表2-2 学习评估表

评估内容	满分	得分
1. 头发是否干净整洁、长度适中	20	
2. 口腔干净，无异味	20	
3. 耳朵干净	20	
4. 男士胡须得体	20	
5. 女士淡妆自然、清新	20	

任务2 学习并演练汽车商务着装礼仪

学习目标

1. 能够掌握汽车商务活动中的着装礼仪；
2. 能够掌握商务着装礼仪的注意要点。

学习内容

1. 男士着装及饰品礼仪；
2. 女士着装及饰品礼仪；
3. 汽车商务活动中随身携带的物品；
4. 商务着装的禁忌及误区。

知识准备

1. 男士着装及饰品礼仪

1）男士着装

汽车服务行业，员工个人的穿着打扮是一个企业形象的标志，正式场合应以西装为主，如图2-23所示。西服七分在做，三分在穿。西装的选择和搭配是很有讲究的。选择西装既要考虑颜色、尺码、价格、面料和做工，又不可忽视外形线条和比例。西装不一定讲究料子高档，但必须裁剪合体，整洁笔挺。选择色彩较暗、沉稳且无明显花纹图案，但面料高档些的单色西服套装，适用场合广泛，穿着时间长，利用率较高。

穿着西装应遵循以下礼仪原则：

（1）"三色原则"，即西服套装上下装颜色应一致，总体控制在三种颜色之内。在搭配上，西装、衬衣、领带中应有两样为素色。

（2）穿西服套装必须穿皮鞋，便鞋、布鞋和旅游鞋都不合适。

（3）西服纽扣有单排、双排之分，纽扣系法有讲究：双排扣西装应把扣子都扣好。单排扣西装：一粒扣的，系上端庄，敞开潇洒；两粒扣的，只系上面一粒扣是洋气、正统，只系下面一粒是牛气、流气，全扣上是土气，都不系敞开是潇洒、帅气，全扣和只扣第二粒不合规范；三粒扣的，系上面两粒或只系中间一粒都合规范要求。

（4）西装的上衣口袋和裤子口袋里不宜放太多的东西。穿西装内衣不要穿太多，春秋季节只配一件衬衣最好，冬季衬衣里面不要穿棉毛衫，可在衬衣外面穿一件羊毛衫。穿得过分臃肿会破坏西装的整体线条美。

（5）西服袖口的商标牌应摘掉，否则不符合西服穿着规范，高雅场合会让人贻笑大方。

（6）注意西服的保养。保养存放的方式，对西服的造型和穿用寿命影响很大。高档西服要吊挂在通风处并常晾晒，注意防虫与防潮。有皱褶时可挂在

图2-23 男士着装

沐浴后的浴室里,利用蒸气使皱褶展开,然后再挂在通风处。

2) 男士饰品

(1) 领带

穿西服在正式庄重场合必须打领带(图2-24),其他场合不一定都要打领带。打领带时衬衣领口扣子必须系好,不打领带时衬衣领口扣子应解开。领带的颜色、图案应与西服相协调,系领带时,领带的长度以触及皮带扣为宜。

图2-24 领带

领带夹一般适用于两种人,第一种人是穿制服的人,如工商、税务、警察和军人;第二种人是VIP,如高级官员、高级将领和领导人。仅仅单穿长袖衬衫时没必要使用领带夹,更不要在穿夹克时使用领带夹。穿西服时使用领带夹,应将其别在特定的位置,即从上往下数,在衬衫的第四与第五粒纽扣之间,将领带夹别上,然后扣上西服上衣的扣子,从外面一般应当看不见领带夹。因为按照妆饰礼仪的规定,领带夹这种饰物的主要用途是固定领带,如果稍许外露还说得过去,如果把它别得太靠上,甚至直逼衬衫领扣,就显得过分张扬。

领带常见的打法有:

① 单结

领带结的古典形式。这是最常用的一种结法,打结和解结都非常容易,对大部分的领带和几乎所有的衬衫领都非常适合,如图2-25所示。最后,为了打好单结,需要注意:领带结需要与衬衫领和谐搭配。它应该不太紧,也不太松地系在衬衫领上,领带的最宽部分(即在"最宽点"前)应位于腰带处。

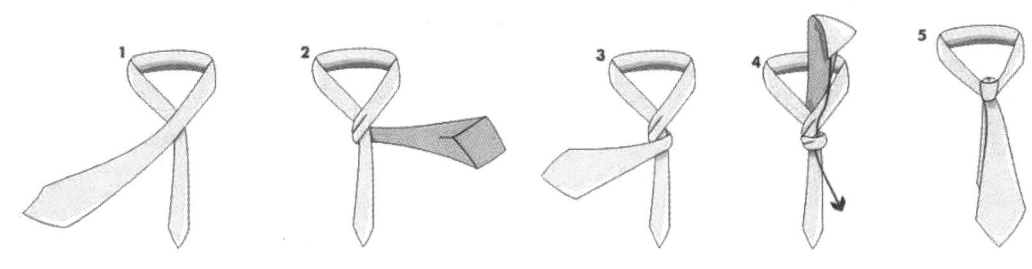

图2-25 单结步骤

② 双单结

类似于单结,它们的不同在于双单结有两个结,即两圈。这种结适合个子矮小的男士,它适合意大利领和稍细的领带,如图 2-26 所示。

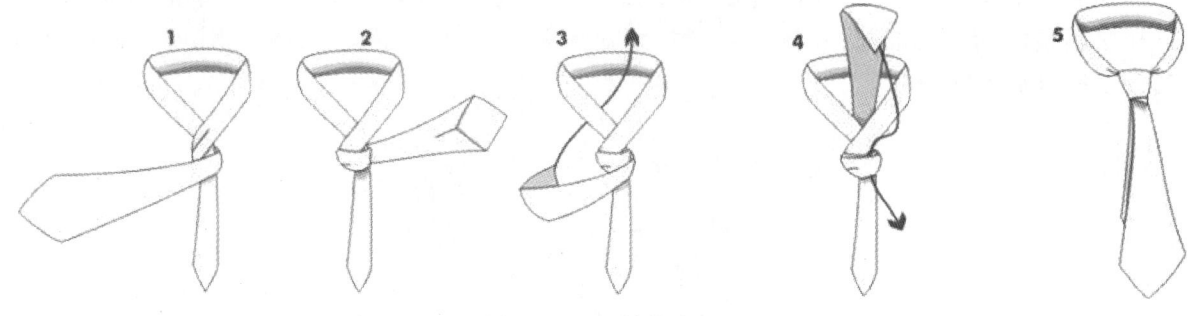

图 2-26 双单结步骤

③ 温莎公爵结

引起潮流的温莎公爵结是种非常英国式的漂亮领带结法。它体积大,因此适合系在分得很开的衣领上和很细的领带上。这种结要非常对称地打才能成功,操作起来有点复杂,如图 2-27 所示。

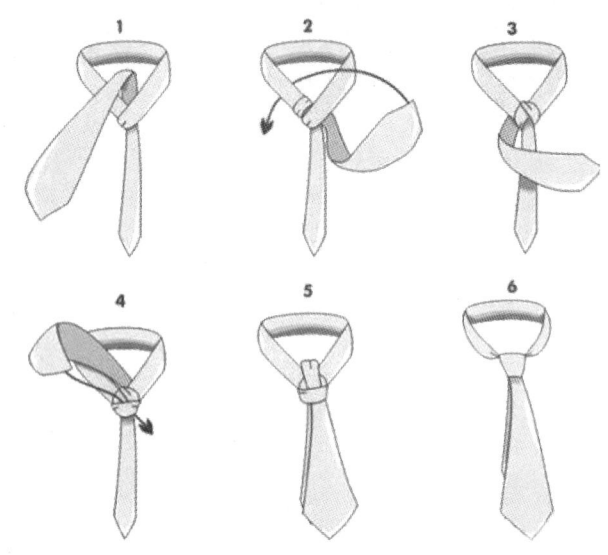

图 2-27 温莎公爵结步骤

（2）袖扣

配西装的衬衣颜色应与西服颜色协调,不能是同一色。白色衬衣配各种颜色的西服效果都不错,如图 2-28 所示。正式场合男士不宜穿色彩鲜艳的格子或花色衬衣。衬衣袖口应长出西服袖口 1 厘米左右,以显示衣着有层次。

（3）皮带

一定是选择黑色皮腰带,腰带扣不要太花,如图 2-29 所示,不可打其他颜色腰带,也不能太旧。切记社交场合,腰带上不能挂任何东西,如钥匙、手机等。

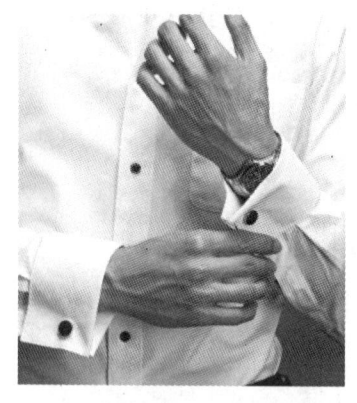

图 2-28 男士衬衫袖口

图 2-29 男士商务皮带　　　　图 2-30 男士皮包　　　　图 2-31 男士商务皮鞋

（4）皮包

男士身上有三个地方一定是要一致的：皮带、皮鞋和用包，要求颜色和质地一定是一致的，即"三一原则"，最理想的选择是皮鞋、腰带、公文包皆为黑色。正式的皮包应该是四四方方的，并且带着手柄，如图 2-30 所示。现在流行的腋下夹包多属于休闲款，不适合正式场合。

（5）皮鞋

鞋子是最能够反映出一个男人修养和品位的东西。正式的鞋子是黑色的、系带的、制式的皮鞋，如图 2-31 所示，所以袜子首选黑色或棕色，不要穿太陈旧的皮鞋，要干净，鞋跟不要太高。商务场合，应配深色质地好的袜子，棕色、深蓝色、黑色或灰色，无图案最好。尼龙袜、运动袜和白袜或质薄透明袜子皆不适合，袜子的长度应该以跷腿时不露出小腿的皮肤为宜。

2. 女士着装及饰品礼仪

1）女士着装

职业女装的基本类型一般是西装套裤（裙）或旗袍，在国际交往中，裙装是指正装，其典雅、端庄、稳重、传统；裤装是指工作服、便装。穿衬衫时，内衣与衬衫色彩要相近、相似；穿面料较为单薄的裙子时，应着衬裙。裙长应及膝或过膝，裙的下摆以刚好抵达小腿上最丰满处，为最标准、最理想裙长。

女士穿裙装注意以下四点：

（1）在涉外交往中，黑色皮裙不能穿；

（2）裙子、鞋子和袜子要协调；

（3）在比较重要的场合，穿套裙不光腿；

（4）穿裙子避免出现"三截腿"，即袜子和裙装之间漏腿肚。商务场合，女士需要穿肉色的长筒袜或连裤袜，或者宁肯光腿。

2）女士饰品

在商务交际场合，应恰到好处地佩戴饰品，正确的搭配可以起到画龙点睛的作用。佩戴饰品应遵循以下规则：

（1）数量以少为好；

（2）同色最好；

（3）质地相同；

（4）符合身份，在正式商务交往中选戴首饰时，商务人员要使之与自己的身份相称，一般要讲究"三不戴"：有碍于工作的首饰不戴，炫耀自己财力的首饰不戴，突出个人性格特征的首饰不戴；

（5）为体型扬长避短；

（6）和季节相吻合；

(7) 和服饰协调,即主色调一致;
(8) 遵守习俗。

3. 汽车商务活动中随身携带的物品

在汽车商务活动中,公司的徽标需要随身携带,它准确的佩戴位置就是西装的左胸的上方,这只是在穿西装的时候需要搭配的物品。还有几件物品是在商务活动中必备的,如图 2-32 所示。女士还需要常备用于补妆的化妆品和丝袜(防止破损)。

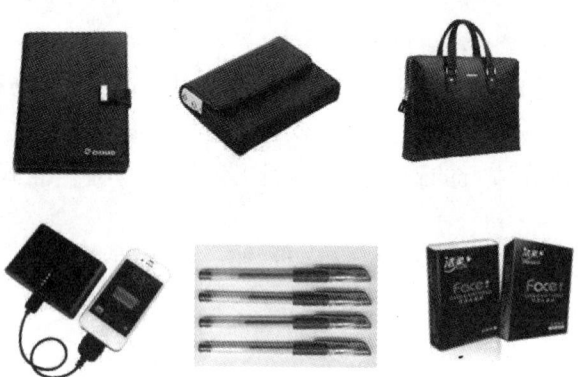

(笔记本、名片夹、公文包、手机及充电宝、中性笔、纸巾)

图 2-32 商务活动随身携带物品

4. 商务着装的禁忌

前文简要地介绍了男女的商务穿着规范,但是,只知道商务穿着规范是远远不够的,商务活动的质量高低取决于商务活动中的每个细节。其实,在商务活动中还是有很多禁忌的,如表 2-3 所示。

表 2-3 商务着装禁忌

男士	女士
穿着有很明显品牌标签的商务正装	发型太新潮或乱如草
太肥大的衣服,应选择剪裁合体的衣服	夸张的化妆
闪闪发光的衬衣或外套	服装太前卫
非商务皮鞋	非商务皮鞋
不适合的颜色	衣不称身

小组演练

1. 提出演练要求

(1) 全班分为 5 组,选举小组长,带领大家参与商务礼仪的演练;
(2) 全班所有成员必须穿正装,男同学需系领带;

(3) 指导老师根据演练内容,将演练项目平均分配给每个小组;
(4) 各小组推选2~4名同学上台演练,对老师分配的演练项目实施演练;
(5) 小组代表演练的同时,其他同学需认真观察,记录与标准不符的项目;
(6) 演练完毕之后,指导老师带领大家一起进行演练项目的点评。

2. 进行演练

各小组按照商务礼仪项目进行演练,演练标准如表2-4所示。

表2-4 演练标准

商务礼仪项目	是否符合标准		指出不规范之处
	是	否	
职业装			
衬衫			
鞋子			
袜子			
男士领带			
女士饰品			

3. 学习评估

指导老师根据各组员的个人表现及其所在小组的团体表现,对其演练过程进行评估。评估标准如表2-5所示。

表2-5 学习评估表

评估内容	满分	得分
1. 职业装干净、平正、合身	20	
2. 衬衫干净、平正、合身	20	
3. 鞋子黑色(棕色),擦拭干净,袜子深色	20	
4. 男士领带颜色合适、长度适中	20	
5. 女士饰品符合身份	20	

任务3 学习并演练汽车商务仪表礼仪

学习目标

1. 能够掌握汽车商务的仪表礼仪；
2. 能够掌握仪表礼仪的注意要点。

学习内容

1. 站的礼仪；
2. 走的礼仪；
3. 坐的礼仪；
4. 蹲的礼仪；
5. 手势礼仪。

知识准备

1. 站的礼仪

在我们成长的过程中，常听到长辈们耳提面命地叮咛我们"站要有站相"。不过很可惜，大部分的人并不会特别去注意，学校里也没有设立"站姿课"来教导我们应该如何"站"，以致很多人根本不懂得要如何"抬头挺胸"，保持正确的站姿。好的站姿，可以让身体各个关节的受力比较平均，不会特别弯曲、让某些特定的关节承担大部分的重量。而且当你抬头挺胸时，胸口会变得开阔，呼吸也会顺畅，身体得到足够的氧气，精神、注意力都会比较容易集中。所以好的站姿，不只是为了美观而已，对于健康也是非常重要。

1) 标准站姿

标准的站姿，从正面观看，全身笔直，精神饱满，两眼正视，两肩平齐，两臂自然下垂，两脚跟并拢，两脚尖张开60°，身体重心落于两腿正中；从侧面看，两眼平视，下颌微收，挺胸收腹，腰背挺直，手中指贴裤缝，整个身体庄重挺拔，如图2-33所示。

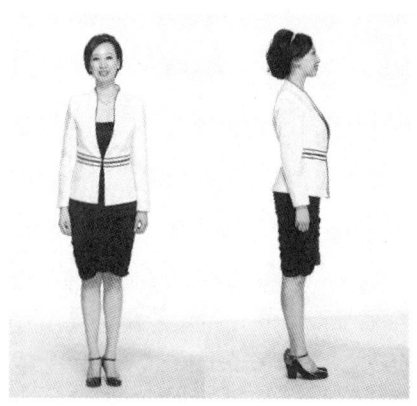

图2-33 标准站姿

2)女士前腹式站姿

女士前腹式站姿为双脚丁字步(图2-34),双手虎口相交叠于肚下三指处,手指伸直但不要外翘;上身正直,头正目平,腰直肩平,挺胸收腹,两腿站直,肌肉略有收缩感,微收下颌,面带微笑,如图2-35所示。

图2-34 双脚丁字步　　图2-35 女士前腹式站姿　　图2-36 女士腰际式站姿

3)女士腰际式站姿

女士腰际式站姿为双脚丁字步,双手虎口相交叠放于腰际,用拇指可以顶到肚脐处,手指伸直但不要外翘,如图2-36所示。

4)男士前腹式站姿

男士前腹式站姿为双脚跨立部,左手在腹前握住右手手腕,或右手握住左手手腕,如图2-37所示。

图2-37 男士前腹式站姿　　图2-38 男士后背式站姿

5)男士后背式站姿

男士后背式站姿为双脚跨立,双手在背后腰际相握,左手握住右手手腕或右手握住左手手腕,如图2-38所示。

图2-39 错误站姿

6) 错误站姿

错误的站姿,如图2-39所示。

(1) 交叉两腿而站;

(2) 一个肩高一个肩低;

(3) 松腹含胸;

(4) 一个脚在地下不停地划弧线;

(5) 交腿斜靠在车旁或办公桌旁;

(6) 与他人勾肩搭背地站着;

(7) 膝盖伸不直。

2. 走的礼仪

走姿是人体所呈现出的一种动态,是站姿的延续。走姿文雅、端庄,不仅给人以沉着、稳重、冷静的感觉,而且也是展示自己气质与修养的重要形式。

行进时,上身挺直,收复立腰,重心稍前倾;双肩平稳,双臂前后自然摆动;双目平视前方,收颌,表情自然平和,如图2-40所示。

图2-40 走的礼仪

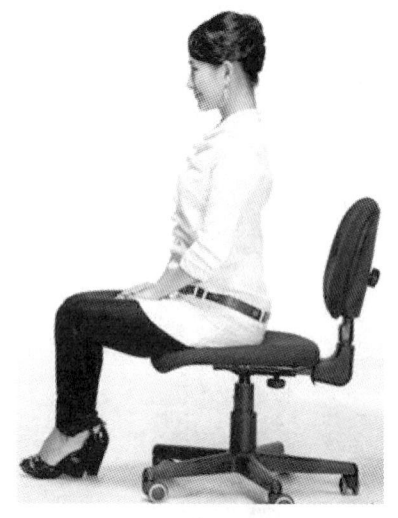

图2-41 坐姿要点

3. 坐的礼仪

正确而优雅的坐姿是一种文明行为,它既能体现一个人的形态美,又能体现行为美。正确的坐姿要求是"坐如钟",即坐相要像钟一样端正。坐姿如果不正确,除了看起来没精神外,也容易腰酸背痛,甚至影响脊椎、压迫神经,最终影响身体健康。

1) 坐姿的要点

(1) 入座时要轻而稳,走到座位前,转身后,轻稳地坐下。入座后上体自然挺直,双腿弯曲,双肩平正放松,双臂弯曲,双手自然放在腿上。坐在椅子上,应至少坐满椅子的2/3,如图2-41所示。一般情况下,不要靠背,休息时可轻轻靠背,离座时要自然稳当。

(2) 面带笑容,双目平视。

2) 女士坐姿

女士坐姿,如图 2-42 所示。

(1) 正坐式。双腿并拢,上身挺直坐下,脚尖并拢略向前伸,双手叠放在双腿上,略靠近大腿根部,入座时,若是裙装,应用手将裙摆稍稍拢一下,然后坐下。

(2) 斜放式。坐在较低的沙发上时,若双腿垂直放置的话,膝盖可能会高过腰,不雅观,这时最好采用双腿斜放式,即双腿并拢后,双脚同时向右侧或左侧斜放,并与地面成 45°左右。

(3) 曲直式。上身挺直,左腿前伸,右小腿屈回,用脚掌着地,大腿靠紧,两脚前后在一条线上。

(4) 重叠式。上身挺直,坐正,腿向前方,左小腿垂直于地面,全脚支撑,右腿重叠与左腿上,小腿向里收,脚尖向下。双臂交叉支撑左右腿上。

(a) 正坐式　　(b) 斜放式　　(c) 曲直式　　(d) 重叠式

图 2-42　女士坐姿

3) 男士坐姿

男士坐姿,如图 2-43 所示。

(1) 正坐式。上身挺直、坐正、双腿自然弯曲,小腿垂直与地面并略分开,双手分放在两膝上或椅子的扶手上。

(2) 重叠式。右小腿垂直于地面,左腿在上重叠,左小腿向里收,脚尖向下,双手放在扶手上或放在腿上。

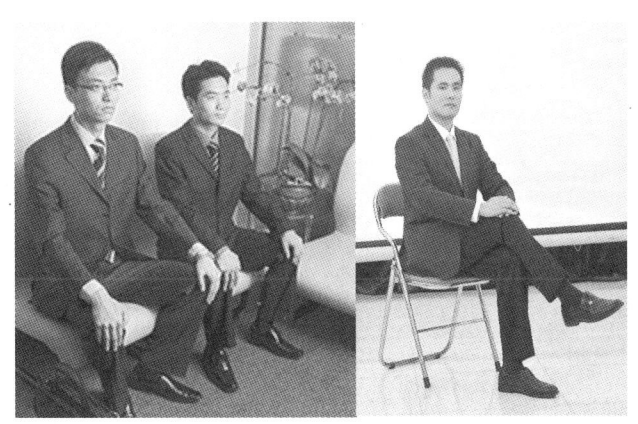

图 2-43　男士坐姿

4. 蹲的礼仪

蹲姿是在需要降低体位以便捡起掉在地上的物品或进行其他操作时采取的姿势。在工作场合中为避免弯腰捡拾，特别是女士着裙装时，为避免不雅，一般都采用蹲姿。下蹲时要自然、得体、大方，不要遮遮掩掩。

1) 交叉式蹲姿

下蹲时，右脚在前，左脚在后，右小腿垂直与地面，全脚着地；左腿在右与右脚交叉叠起，左膝由后面伸向右侧，做脚跟提起，左前脚掌着地；两腿前后紧靠，合理支撑身体；臀部向下，上身稍前倾，如图2-44(a)所示。

2) 高低式蹲姿

下蹲时，左脚在前，右脚在后，不重叠，两腿紧靠向下蹲。左脚全脚掌着地，小腿垂直于地面，右脚跟提起，右脚脚掌着地；右膝低于左膝，两膝内侧紧靠；臀部向下，基本上以右腿支撑身体；身体形成两个重心，一是腰部，二是右大腿；手放膝盖上方，手指与膝并齐，如图2-44(b)所示。

男士可选择用高低式蹲姿，不过两腿不要紧靠，两腿之间可以有适当的距离，如图2-44(c)所示。

(a) 交叉式　　　　(b) 高低式　　　　(c) 男士蹲姿

图2-44　蹲姿

5. 手势礼仪

手是传情达意的最有力的用具，通过手和手指活动传递信息。正确适当地运用手势，可以增强感情的表达，手势是服务工作中必不可少的一种体态语言，服务行业员工的手势运用应当规范适度，且符合礼仪。

1) 规范的手势

规范的手势应当是手掌自然伸直，掌心向内向上，手指并拢，拇指自然稍稍分开，手腕伸直，使手与小臂成一直线，肘关节自然弯曲，大小臂的弯曲以140°为宜。

在出手势时，要讲究柔美、流畅，做到欲上先下、欲左先右，避免僵硬死板、缺乏韵味，同时配合眼神、表情和其他姿态，使手势更显协调大方。

2) 常用的几种手势

(1) 垂放。是最基本的手势。其做法有二：一是双手自然下垂，掌心向内，叠放或相握于腹前；

二是双手伸直下垂,掌心向内,分别贴放于大腿两侧,它多用于站立之时。

(2) 背手。多见于站立、行走时,既可显示权威,又可镇定自己。其做法是双臂伸到身后,双手相握,同时昂首挺胸。

(3) 鼓掌。是用以表示欢迎、祝贺、支持的一种手势,适用于多种场合。应该两手掌交叉有节奏地拍击掌心,如图2-45所示。而不应该是掌指相触,或指触掌或轻快、轻脆,或热烈、大方,忌软弱无力、反掌、倒掌,或拍别人的手掌。

(4) 夸奖。这种手姿主要用以表扬他人。伸出右手,翘起大拇指,指尖向上,指腹面向被称道者。

(5) 指示。这是用以引导来宾、指示方向的手姿。其做法是以右手抬至一定高度,五指并拢,掌心向上,以肘部为轴,朝一定方向伸出手臂。

(6) 打招呼。尽可能用手掌,通过手臂摆动、摇晃来指示。

手势禁忌:中指朝天,食指朝人,拇指叉在指缝,或者用手指做任何其他类似的手势都很不好,容易引起冲突和误解。

图 2-45 鼓掌手势

小组演练

1. 提出演练要求

(1) 全班分为5组,选举小组长,带领大家参与商务礼仪的演练;
(2) 全班所有成员必须穿正装,男同学需系领带;
(3) 指导老师根据演练内容,将演练项目平均分配给每个小组;
(4) 各小组推选2~4名同学上台演练,对老师分配的演练项目实施演练;
(5) 小组代表演练的同时,其他同学需认真观察,记录与标准不符的项目;
(6) 演练完毕之后,指导老师带领大家一起进行演练项目的点评。

2. 进行演练

1) 站姿的演练:请每组派一名同学代表上台展示以下情景站姿,见表2-6。规则如下:

(1) 各小组间相互点评,指出问题;
(2) 评委参考各方面进行打分;
(3) 分数等级一次为10、7、4、2。

表 2-6 站姿情境演练

商务礼仪项目	是否符合标准		指出不规范之处
	是	否	
亚运服务人员			
提公文包的公务员			
汽车销售顾问			

2)坐姿的演练:请每组派一名同学代表上台展示以下情境站姿,见表2-7。规则如下:

(1)由目前得分最多的一组优先选择情境演练;

(2)各小组间相互点评,指出问题;

(3)评委参考各方面进行打分;

(4)分数等级一次为10、7、4、2。

表2-7 坐姿情境演练

商务礼仪项目	是否符合标准		指出不规范之处
	是	否	
面试者			
面试官			
办公室坐姿			
沙发坐姿			

3)剧本学习

根据老师提供的脚本,排练10分钟。

【案例背景】

客户刘先生由于工作需要,打算购买一辆迈腾,销售顾问王华接待了刘先生。

【参考剧本】

客户刘先生和夫人到来之前,销售顾问王华在接待台等候客户。(站姿)

客户刘先生和夫人走进展厅,销售顾问王华马上迎来上去。

销售顾问:两位好,欢迎光临一汽大众×××经销店。(鞠躬)

客户刘先生和夫人边说边看,小王带着工具包,一直微笑着跟在两人身后,没有说话。(走姿、微笑)

客户刘先生和夫人围着迈腾看了很久,刘先生拉开车门,想坐上去试一试。

销售顾问:来,先生,我来打开车门。

(协助客户拉开车门,并用另一只手遮挡在防水条处)

客户:谢谢你。(刘先生坐在主驾驶座)

销售顾问:先生,座椅可以调一下,这样会舒服一些。(蹲姿)

客户:这样的确舒服很多,对了,怎么称呼你?

销售顾问:我是这里的销售顾问王华,这是我的名片,您叫我小王就行,请问先生贵姓?

客户:我姓刘。

销售顾问:刘先生,很高兴为您服务!这位是?

小王说着,指向了旁边的刘太太。(手势)

销售顾问:刘先生和刘太太,欢迎二位。看二位对这款迈腾挺感兴趣的,我简单地向二位介绍一下吧。

3. 学习评估

指导老师根据各组员的个人表现及其所在小组的团体表现,对其演练过程进行评估。评估标准如表2-8所示。

表2-8 学习评估表

评估内容	满分	得分
1. 接待台处,站姿	20	
2. 跟随客户,走姿	20	
3. 为客户打开车门,手势	20	
4. 为客户调节座椅,蹲姿	20	
5. 询问对方称呼,手势	20	

学习情境 3　汽车商务接待礼仪

学习目标

1. 能够掌握汽车商务语言礼仪；
2. 能够掌握汽车商务通讯礼仪；
3. 能够掌握汽车商务接待礼仪。

情境导入

王华是一名新入职的销售顾问,经过1个月的培训和学习,顺利地通过了相关考核,目前已经能正式在展厅参与销售工作。但是工作中有时顾客还没有等他产品介绍完毕,就匆匆离开,对此王华很苦恼。经过调查,发现王华有关语言、接待等商务礼仪不规范。通过该情境的学习,他将学会商务语言、通讯和接待的相关礼仪。

任务1　学习并演练汽车商务语言礼仪及通讯礼仪

学习目标

1. 能够熟悉汽车商务语言礼仪及通讯礼仪；
2. 能够掌握汽车商务语言礼仪和通讯礼仪的注意要点。

学习内容

1. 礼貌用语的使用；
2. 话题的选择；
3. 电话接听及拨打礼仪；
4. 手机通讯礼仪；
5. 编辑短信礼仪；
6. 编写邮件礼仪。

知识准备

在商务活动中，掌握正确的商务语言礼仪及通讯礼仪不但可以展现商务人员的自身修养，也可以增强其沟通能力，从而能有效地推动商务活动的顺利进行。

商务语言礼仪主要表现为礼貌用语的使用、话题的选择等礼仪，商务通讯礼仪主要表现为电话的接听和拨打、名片的交换、手机的使用、编辑短信、编写邮件等礼仪，为以后能够有效地传递信息，与客户沟通感情，服务客户。商务活动要求掌握语言礼仪及通讯礼仪，并且能将其融入实际的服务工作中。

1. 礼貌用语的使用

所谓礼貌用语，是表示谦虚恭敬的专门用语，是博得他人好感与体谅的最为适用的方法，是约定俗成的表达方式。汽车商务人员在与客户面对面沟通时，只有掌握礼貌用语礼仪的基本知识，在实际中运用、发挥、提升服务的水准，才能在激烈的竞争中占得先机，赢得主动权。礼貌用语的使用总原则，如图3-1所示。

礼貌用语是人类文明的标志。在我国，礼貌用语基本内容为10个字："请"、"谢谢"、"对不起"、"您好"、"再见"。在实际商务交往中，礼貌用语远远不止这10个字。主要可划分为以下几大类。

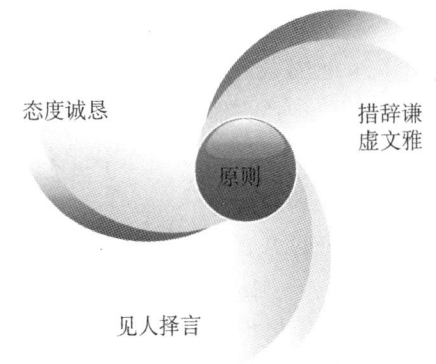

图3-1　礼貌用语总原则

1）问候语

标准式问候用语的常规做法：在问好之前，加上适当的人称代词，或者其他尊称。例如，"你好！"、"您好！"、"大家好！"等。时效式问候用语，是指在一定的时间范围之内才有作用的问候用语。

（1）"上午好"、"下午好"、"晚上好"、"晚安"。

(2) 吃饭了吗?
(3) 好久不见。
(4) 去哪儿了?(更熟悉一些)

不过,有仅仅点头微笑的,也可不必说话。

2) 迎送用语

(1) 欢迎用语,最常用的欢迎用语有:"欢迎!"、"欢迎光临!"、"欢迎您的到来!"、"见到您很高兴!"、"恭候您的光临!"等,往往离不开"欢迎"一词。但在客人再次到来时,可在欢迎用语之前加上对方的尊称,如"先生,真高兴再次见到您!"、"欢迎您再次光临!"等,以表明自己尊重对方,使对方产生被重视之感。

(2) 送别用语,最为常用的送别用语,主要有"再见"、"慢走"、"走好"、"欢迎再来"、"一路平安"等。需要注意的是,送别乘飞机的客人忌讳说"一路顺风",应说"一路平安"。

3) 请托用语

请托用语通常指的是在请求他人帮忙或是托付他人代劳时,照例应当使用的专项用语。在工作岗位上,任何服务人员都免不了可能会有求于人。在向客人提出某项具体要求或请求时,都要加上一个"请(麻烦/劳驾)"字。总之,不管何时何地,也不管何人何事,只要你需要别人帮忙时,就必须先说:"请"。

4) 致谢用语

致谢用于一般为"谢谢"、"感谢您的帮助"(辛苦了/麻烦您了)等。致谢的几种情况:一是获得他人帮助时;二是得到他人支持时;三是赢得他人理解时;四是感到他人善意时;五是婉言谢绝他人时;六是受到他人赞美时。(在学校,学生回答问题后,老师要说"谢谢"。在街上,向人问路后要说"谢谢"。到亲友家做客,当主人端来咖啡或茶时,要说"谢谢"。)

当人们称谢时,接受者也要用"不用谢"、"别(不用)客气"、"没关系"、"这个算不了什么"、"乐意效劳"等礼貌用语回敬,以示尊重对方。

在中国,为一件事道谢,可以谢了又谢,谢个没完,"一再致谢"表明谢意之真诚,这是中国人的言谈礼仪。

5) 推托(拒绝)用语

拒绝别人也是一门艺术。在工作中有时也需要拒绝他人,此时必须语言得体,态度友好,不能直言"不知道"、"做不到"、"不归我管"、"问别人去"等。应该首先表示道歉"不好意思、对不起",之后再说明理由。例如当你不能来上课时,要说"对不起,我生病了/我有……"。

6) 道歉用语

常用的道歉用语主要有:"(实在)抱歉"、"(实在)对不起"、"请原谅"等。

7) 称呼用语

对成年男性不论其年龄大小或者婚否均可称"先生"。

对女士则根据婚姻状况,已婚女子称为"太太(女士)",未婚女子则称为"小姐",对婚姻状况不明的可称为"女士"或者"小姐"。

对年长人士可称"师傅","(老)大爷","阿姨",等等。

8) 忌语

(1) 不尊重之语:多是触犯了顾客的个人忌讳,尤其是与身体条件、健康条件等当面相关的某些忌讳。如,面对残疾人时,切忌使用"残废"、"瞎子"、"聋子"等词。对体胖之人的"肥",个矮之人的"矮",都不应当直言不讳。

(2)不友好之语:即不够友善,甚至满怀敌意的语言。当顾客对服务感到不满时,或是提出一些建议、批评时,不能顶撞对方,如"你消费得起吗?"

(3)不耐烦之语:在接待顾客时要表现出应有的热情与足够的耐心。如"我不知道"、"那上面不是写了吗?"

(4)不客气之语:如"你问我,我问谁","别瞎乱动"等。

(5)不讲粗话、脏话、黑话、怪话、废话。

(6)表现出无礼:有气无力,不负责任,傲慢,急躁,独断专横,优柔寡断,不耐烦或出口伤人,不使用任何称呼,使用不雅的称呼,这些行文举止是极不规范的。

2. 话题的选择

所谓话题,指人们交谈中涉及的题目范围和谈话内容。在商务交往中,学会有效地选择话题,就能使谈话有个良好的开端。

1)宜选的话题

宜选的话题,如表3-1所示。

表3-1 宜选的话题

宜选的话题	适用范围
双方约定的话题	征求意见;传递信息和研究工作等
格调高雅的话题	文学、哲学、艺术、地理、历史和建筑等
轻松愉快的话题	艺术演出、流行时装、美容美发、体育比赛、电影电视、休闲娱乐、旅游观光、风土人情、名胜古迹、烹饪小吃、名人轶事等
流行时尚的话题	此时此刻正在流行的事物,但是这类话题不好把握
擅长的话题	选择有研究、有兴趣的话题

2)避谈的话题

话题的原则因人而异,但在商务场合中,一般的话题界限,如表3-2所示。

表3-2 话题界限表

安全话题	应避开的话题
天气	自己的健康状况
交通	他人的健康状况
无争议的新闻	物品的价格
旅游	薪水、收入
环境问题	个人的不幸
共同的经历	个人隐私
书籍	低级笑话
文学、艺术	小道消息

3) 扩大话题储备

由于人们的经历、兴趣、职业、学习状况不同,每个人所熟悉的话题也各不相同,要想与别人有更多的话题,必须尽量扩大话题的储备。平时刻苦学习,事事留心,把看到、听到的事物有意识地加以记忆和累积,就会逐渐变得学识渊博,知识面广,与人沟通时自然有话题了。

3. 电话的接听及拨打

电话是人与人之间进行交流和沟通的便捷工具。对汽车商务人员来说,电话不仅是传递信息、获取信息、保持联系的一种工具,而且也是所在单位和个人形象的一个载体,为通话者所在单位、为其本人绘制一幅给人以深刻印象的电话形象。因此公司的相关人员非常有必要掌握一些电话礼仪。

1) 接听电话五部曲

接听电话的步骤,如图3-2所示。

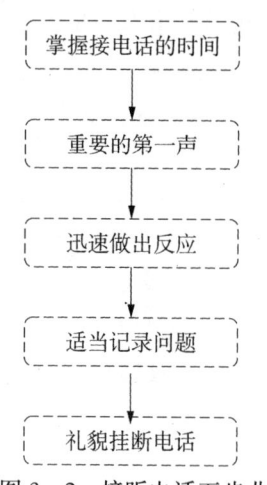

图3-2 接听电话五步曲

接听电话五部曲的注释,如表3-3所示。

表3-3 接听电话五部曲注释

步骤	说明及工作重点
掌握接电话的时间	● 电话铃响3声之内接听; ● 微笑接听电话; ● 接听电话之前准备好记录工具
重要的第一声	● 问候客户,并报出公司名称、职位及姓名; ● 声音要清晰、亲切、悦耳; ● 使用礼貌用语
迅速做出反应	● 了解来电目的; ● 需要转接时,转接给其他同事或稍后回复; ● 注意声调、语速以及表达的准确程度
适当记录问题	● 对方的谈话可做必要的重复,重要的内容应简明扼要地记录下来; ● 采用5W1H提问:When(何时)、Who(何人)、What(何事)、Where(何地)、Why(为什么)、How(如何进行)
礼貌挂断电话	● 结束电话谈话时,一般应当由打电话一方提出; ● 礼貌挂断电话; ● 对电话留言给予回复,如果对方不在,也要留言,表明你已经回过电话

【想一想】

(1) 电话铃响过3声之后该什么说?

(2) 对方打错了该什么说?

为了更好地赢得对方的好感和信赖,做到人未见,心已通,汽车商务人员必须注意并遵从接听电话的礼貌用语,如表3-4所示。

表 3-4 接听电话用语的对比

错误	正确
你找谁？	请问您找谁？
有什么事？	请问您有什么事？
你是谁？	请问您贵姓？
不知道	抱歉，这事我不太了解
我问过了，他不在！	我再帮您看一下，抱歉，他还没有回来，您方便留言吗？
没这个人	对不起，我再查一下，您还有其他消息可以提示一下我吗？
你等一下，我要接个别的电话	抱歉，请稍等

2）拨打电话五部曲

拨打电话的步骤，如图 3-3 所示。

（1）做好打电话前的准备工作

为了使通话间接顺畅，打电话前，应当首先做好通话内容的准备。通话前，最好把对方的姓名、电话号码、通话要点等内容列一张清单，这样可以避免通话缺少调理和内容缺失。同时准备好记录工具，如便签纸和笔。

（2）选择适当的时间

打电话时，应该以客为尊，让客户产生宾至如归的亲切感觉，那么就应该注意在恰当的时间段打电话。通常，早上 10:00—11:30、下午 2:00—4:00 是所有公司的"黄金"时段。除非有必要立即通知外，不要在他人的休息时间打电话。因紧急事宜打电话到别人家里时，通话之初先要为此说声"对不起"，并说明理由。另外，因公事打电话，尽量不要打到对方的家里，尤其是晚上。打电话到海外，还应考虑到两地的时差问题。一般来讲，周一上班第一个小时没有重要的事情不要打电话，因为此时大多数单位要开例会安排一周的工作日程或处理一些重要事务。周五下午下班前不要打电话，因为临近下班时间人们的心理状态处于疲劳期。此外，不要因私事打电话到对方单位。通话时机选择要点，如图 3-4 所示。

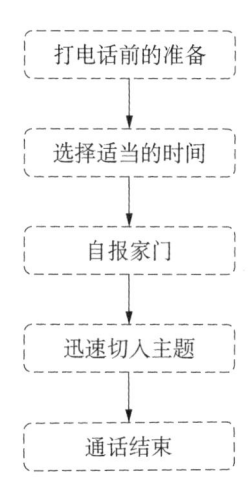

图 3-3 拨打电话五部曲

图 3-4 通话时机选择要点

（3）自报家门

在开始通话前，首先问候客户并通报自己单位、职务和姓名，例如"您好！我是××汽车经销店××部的××"。必要时，询问对方是否方便接听电话，在对方方便的情况下再开始交谈。倘若不方便,可约另外的时间。请人转接电话,要向对方致谢。讲话时,如果发生掉线、中断的情况,应由打电话方重新拨打。

(4) 迅速切入主题

电话内容应简明扼要,发话人应当自觉地、有意识地将每次通话时间控制在3分钟之内,最长不要超过5分钟,如果一次沟通没有完全表达出你的意思,最好约定下次通话的时间,切忌长时间占用电话聊天。

通话过程中,坚持用"您好"开头,"请"字在中,"谢谢"收尾,声音清晰明朗,音量适中,尽量让对方听清楚。同时,应保持端正的姿势,不能吸烟、喝茶、吃零食,也不要对着电话打哈欠,话筒与嘴的距离保持在5～10厘米。

(5) 通话结束

要讲的话已说完,就应果断终止通话,道"再见,很高兴与您通话,期待下一次的见面",让自己的待人之礼有始有终。先听到对方挂断电话之后,再挂断电话,挂电话时要轻放,不要用力摔,这是商务礼仪的一个表现。

4. 手机通讯礼仪

现代社会,移动电话已经得到广泛的应用,与之相应的手机礼仪问题也凸显出来。手机通讯礼仪既有电话礼仪的共性要求,还有其特殊的规范。

1) 手机的携带

商务活动中携带手机时,应将其放在恰当的位置。总的原则是:既要方便使用,又要合乎礼仪。在一切公共场合,手机在没有使用时,不要握在手里或挂在上衣口袋外,放手机的常规位置如表3-5所示。

表3-5 手机携带礼仪

常规位置	暂放规定
放在随身携带的公文包内	暂放腰带上
放在上衣口袋内,尤其是上衣内袋	参加会议时将其暂交秘书、会务人员代管
不使用时不要握在手里	交谈时暂放手边、身旁、背后等不起眼处

2) 选择适合的手机铃声

由于网络技术的进步与发展,铃声不仅可以从网络上下载,而且可以自行编制,特别是彩铃的出现,很受年轻人的喜爱。彩铃变化多样,乐曲、歌声、仿人声、仿动物叫声应有尽有。有些彩铃很搞笑或很怪异,与千篇一律的铃声比较起来,确实有独特之处。但是应该注意正确使用个性化的铃声,在办公室和一些严肃的场合,如果不适合的铃声不断响起,将对周围的人产生干扰。

为了不让他人笑话,成年人最好使用正常铃声,这样万一在不适当的时候响起来,也不会让人尴尬。成熟的人士要选择成熟的手机铃声,虽然当今社会推崇个性,但过于个性的电话铃声只会损害个人形象。

3) 手机使用的场合

(1) 不要做声音污染源,在公共场合接电话时要注意自己音量的控制,避免影响到周围的人,例如大声通话,开着喇叭玩游戏或看电影。正确的做法是应该侧身通话,或找个僻静的场所交谈。

在要求"保持安静"的公共场所,如音乐厅、美术馆、影剧院等处参观展览或观看演出时,应关闭手机,或将手机设置为静音状态。

(2) 排队办理业务时长时间接电话，会影响业务人员的工作时间和其他排队的客户。

(3) 在艺术展或其他展览会场不要拍摄、标记和分享未取得他人同意的照片及影片。

(4) 在会议中、和别人洽谈的时候，最好的方式还是把手机关机，起码也要调到震动状态。这样既显示出对别人的尊重，又不会打断发话者的思路。有些人在会场上手机铃声不断，使大家的目光都转向他，则显示出缺少修养。

(5) 给别人打电话应注意时间，中午休息时间、晚上10点以后勿给他人打电话，以免影响他人休息。

4）安全使用手机

既然配有手机，就不要让那些急于想同你联系的人着急，因此一般情况下，手机处于开机状态，但在某些特殊场合，就必须关机，如图3-5所示。

(1) 行车时，不要使用手机通话或查看信息，以免分散注意力，造成交通事故。

(2) 使用手机时，会产生电磁波，不要在加油站、面粉厂、油库等处使用手机，免得手机所发出的电磁波引起火灾、爆炸。

(3) 不要在病房内使用手机，以免手机信号干扰医疗仪器的正常运行，或者影响病人休息。

图3-5 必须关机的场合

(4) 不要边走路边打电话或发短信看手机资讯。

(5) 不要在飞机飞行期间使用手机，以免给航班带来危险。

(6) 最好不要在手机中谈论商业秘密或国家安全事项等机密事件，因为手机容易出现信息外漏，产生不良后果。

(7) 特别注意周围有无禁止无线电发射的标志。

总之，在使用移动通信工具时，必须牢记"安全至上"，切勿马虎大意，那样不但害己而且害人。

5）尊重他人隐私

手机是个人隐私的重要组成部分，为了尊重他人，体现自己的涵养，不要翻看他人手机中的任何信息，包括通讯录、短信、通话记录等；一般情况下，不要借用他人的手机打电话，万不得已需要借用他人手机打电话时，请不要走出机主的视线，并且尽量做到长话短说，用毕要表示感谢。

5. 编辑短信礼仪

近年来，随着短信的广泛使用，短信也成为公务沟通的重要形式，其频率甚至超过邮件。

商务礼仪中发短信要注意的事项以及礼仪有以下7条：

1）短信联络，调至震动

在一切需要将手机调至震动状态或是关机的场合，即使用手机接收短信，也要设定成震动状态，并且不要在别人注视到你的时候查看短信。一边和别人说话，一边查看手机短信，是对别人不尊重的表现。

2）短信联络，一定要署名

短信署名既是对对方的尊重，也是达到目的的必要手段。凡是遇到重要的节假日，几乎每个人都会收到来自四面八方的祝福短信，发短信的人如果不署上自己的名字，有时对方就不知道是谁发的。如果再去核对就很麻烦。如果是正事，不署名更会耽误事。

公务短信署名是最基本的礼节。较好的方式是有头有尾，既要有称谓也要有署名，可以体现对

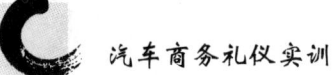

对方的尊重。

3) 有些重要电话可以先用短信预约

有时要给身份高或重要的人打电话,知道对方很忙,可以先发短信"×××您好,有事找,是否方便给您打电话?"如果对方没有回短信,一定不是很方便,通常过段时间再以短信提醒;如果对方告知有时间,或对方电话打过来,就可以马上通话。

4) 提醒对方最好用短信

如果事先已经与对方约好参加某个会议或活动,为了怕对方忘记,最好事先再提醒一下。

提醒时适宜用短信而不要直接打电话。打电话似乎有不信任对方之感。短信就显得非正式,亲切得多。短信提醒时语气应当委婉,不可生硬。

6. 编写邮件礼仪

电子邮件,又称电子函件或电子信函。它是利用电子计算机所组成的互联网络,向交往对象所发出的一种电子信件。使用电子邮件进行对外联络,不仅安全保密,节省时间,不受篇幅的限制,清晰度极高,而且还可以大大地降低通信费用。商界人士在使用电子邮件对外进行联络时,应当遵守礼仪规范,向他人发送的电子邮件,一定要精心构思,认真撰写。在撰写电子邮件时,以下几点必须注意。

1) 关于主题的编写

主题是接受者了解邮件的第一信息,提纲挈领,使用有意义的主题行,这样可以让收件人迅速了解邮件内容并判断其重要性。

(1) 一定不要空白标题,这是最失礼的;

(2) 标题要简短,不宜冗长;

(3) 标题要能反映出文章的内容和重要性,切记使用含义不清的标题;

(4) 一封邮件尽可能只针对一个主题;

(5) 可适当使用大写字母或特殊字符来突出标题,引起收件人注意;

(6) 回复对方邮件时,可以根据回复内容需要更改标题,不要回复一大串。

2) 关于收件人和抄送人的选择

收件人和抄送人在功能上无特别区别,但在指向上有所区别,主要是为了区分收件人的主次。收件人指的是邮件的主送人,可以是一个或多个;抄送人指是需要告知的人,比如其他相关人员、跨级和领导。

3) 关于称呼和问候的编写

称呼顶格写在第一行,然后在其后面加上冒号,表示有话要说;问候语要写在称呼的下一行,空两格,它可以独立成为一段。

(1) 恰当地称呼收件者,拿捏尺度

邮件的开头要称呼收件人。这既显得礼貌,也明确提醒某收件人,此邮件是面向他的,要求其给出必要的回应;在多个收件人的情况下可以称呼大家。如果对方有职务,应按职务尊称对方,如"×经理";如果不清楚职务,则应按通常的"×先生"、"×女士"称呼,但要把性别先搞清楚。

(2) 电子邮件开头结尾最好要有问候语

最简单的开头"您好!我是××汽车经销售后服务顾问×××";结尾常见的"祝您顺利"之类的就可以了。

俗话说得好,"礼多人不怪",礼貌一些,总是好的,即便邮件中有些地方不妥,对方也能平静地看待。

4) 关于正文

(1) 正文要简明扼要,行文通顺

电子邮件正文应简明扼要地说清楚事情,邮件内容一定不要过多;如果具体内容确实很多,正文应只作摘要介绍,然后单独写个文件作为附件进行详细描述(正文处说明附件的内容和用途)。

正文行文应通顺,多用简单词汇和短句,准确清晰地表达,不要出现让人晦涩难懂的语句。最好不要让人家拉滚动条才能看完你的邮件。

如果事情复杂,最好按1、2、3、4列几个段落进行清晰明确的说明。保持每个段落简短不冗长,没人有时间仔细看未分段的长篇大论。

(2) 一次邮件交待完整信息

最好在一次邮件中把相关信息全部说清楚,说准确。不要过2分钟之后再发一封"补充"或者"更正"之类的邮件,这会让人很反感。

(3) 尽可能避免拼写错误和错别字,注意使用拼写检查

这是对别人的尊重,也是自己态度的体现。如果是英文邮件,最好把拼写检查功能打开;如果是中文邮件,注意拼音输入法的同音别字。在邮件发送之前,务必先仔细阅读一遍,检查行文是否通顺,拼写是否有错误。

(4) 合理提示重要信息

不要动不动就用大写字母、粗体斜体、颜色字体、加大字号等手段对一些信息进行提示。合理的提示是必要的,但过多的提示则会让人抓不住重点,影响阅读。

(5) 回复邮件

如果回复对方的来信时,使用对方的主旨回复,让对方知道这是来自于你的回复。此外,如果想要在主旨点出回复的重点,可以在邮件本文内容里写上"回复主旨:××××××"让对方知道这是回复哪一封信。

(6) 结尾签名

每封邮件在结尾都应签名,这样对方可以清楚地知道发件人信息。电子邮件末尾加上签名档是必要的。签名档可包括姓名、职务、公司、电话、传真、地址等信息,但信息不宜行数过多,一般不超过4行,文字应选择与正文文字匹配,简体、繁体或英文,字号应选择比正文字体小一些。

5) 附件说明

(1) 如果邮件带有附件,应在正文里面提示收件人查看附件;

(2) 附件文件应按有意义的名字命名,最好能够概括附件的内容,方便收件人下载后管理;

(3) 正文中应对附件内容做简要说明,特别是带有多个附件时;

(4) 附件数目不宜超过4个,数目较多时应打包压缩成一个文件;

(5) 如果附件是特殊格式文件,应在正文中说明打开方式,以免影响使用。

6) 回复邮件的技巧

(1) 及时回复电子邮件

收到他人的重要电子邮件后,即刻回复对方一下,往往还是必不可少的,这是对他人的尊重,理想的回复时间是2小时内,特别是对一些紧急重要的邮件。对每一份邮件都立即处理是很占用时间的,对于一些优先级低的邮件可集中在特定时间处理,但一般不要超过24小时。

如果事情复杂,无法及时确切回复,那至少应该及时地回复说"收到了,我们正在处理,一旦有结果就会及时回复"。不要让对方苦苦等待,记住:及时作出响应,哪怕只是确认一下收到了。

如果你正在出差或休假,应该设定自动回复功能,提示发件人,以免影响工作。

(2) 进行针对性回复

当回件答复问题的时候,最好把相关的问题抄到回件中,然后附上答案。不要简单回复,那样太生硬,应该进行必要的阐述,让对方一次性理解,避免再反复交流,浪费资源。

(3) 回复不得少于 10 个字

对方发来一大段邮件,但你只回复"是的"、"对"、"谢谢"、"已知道"等字眼,这是非常不礼貌的。至少要凑够 10 个字,显示出应有的尊重。

(4) 不要就同一问题多次回复讨论

如果收发双方就同一问题的交流回复超过 3 次,这只能说明交流不畅,说不清楚。此时应采用电话沟通等其他方式进行交流后再做判断。电子邮件有时并不是最好的交流方式。

对于较为复杂的问题,多个收件人频繁回复,发表看法,把邮件内容越回复越多,这将导致邮件过于冗长而不可阅读。此时应对之前讨论的结果进行小结、删减,突出有用信息。

(5) 要区分 Reply 和 Reply All(区分单独回复和回复全体)

如果只需要单独一个人知道的事,单独回复给他一个人就行了;如果对发件人提出的要求做出结论响应,应该 Replay All,让大家都知道;不要让对方帮你完成这件事情;如果对发件人的提出的问题不清楚,或有不同的意见,应该与发件人单独沟通,不要当着所有人的面,不停地回复来回复去,与发件人讨论,应讨论好了再告诉大家。不要向上司频繁发送没有确定结果的邮件。点击"Reply All"前,要三思而行!

(6) 主动控制邮件的来往

为避免无谓的回复,浪费资源,可在文中指定部分收件人给出回复,或在文末添上以下语句:"全部办妥"、"无需行动"、"仅供参考,无需回复"等。

7) 一般不要通过电子邮件传送以下信息

(1) 公司或个人的秘密信息;

(2) 敏感的话题;

(3) 复杂的信息;

8) 转发邮件要突出信息

在转发消息之前,首先确保所有收件人需要此消息。除此之外,转发敏感或者机密信息要小心谨慎,不要把内部消息转发给外部人员或者未经授权的接收人。

如果有需要还应对转发邮件的内容进行修改和整理,以突出信息。不要将回复了几十层的邮件发给他人,让人摸不着头脑。不发送垃圾邮件或者附加特殊链接。

小组演练

1. 演练电话接听礼仪

1) 提出演练要求

(1) 全班分为 5 组,选举小组长,带领大家参与商务礼仪的演练;

(2) 全班所有成员必须穿正装,男同学需系领带;

(3) 指导老师根据演练内容(表 3-6),将演练项目平均分配给每个小组;

(4) 各小组推选 2~4 名同学上台演练,对老师分配的演练项目实施演练;

(5) 小组代表演练的同时,其他同学需认真观察,记录与标准不符的项目;

(6) 演练完毕之后,指导老师带领大家一起进行演练项目的点评。

2) 进行演练

根据老师提供的脚本,见表 3-6,排练 10 分钟。

表 3-6 情景演练剧本

【场景描述】
客户刘先生打算购买一汽大众的迈腾,通过打电话的形式咨询这款车。对话如下:

电话铃声响起"铃铃铃"(3声内接听电话)
销售顾问:您好!这里是一汽大众×××经销商,我是销售顾问王华,请问有什么可以帮到您?
客　　户:你们店迈腾1.4T现在正在做活动,是吧?
销售顾问:先生您说的对,这款车是正在做活动,具体是这样的……,请问先生怎么称呼?
客　　户:我姓刘。
销售顾问:您好,刘先生,您方便留下您的联系方式吗,以便我们保持联系?
客　　户:不用了,等我有需要联系你们吧。这款车油耗是多少?
销售顾问:刘先生,1.4T油耗是百公里7.9升。这样吧,刘先生,您还是在方便时来我们展厅看看样车。我等会把我的联系方式、展厅详细地址及您所关注车型的资料发到您的邮箱,以后您有任何关于车的问题,都可以随时联系我,您的邮箱是?
客　　户:×××@163.com。
销售顾问:刘先生,您还有其他需要咨询的吗?
客　　户:没有了。
销售顾问:好的,刘先生,随时恭候您的光临。
客户:行,再见。
销售顾问:好的,非常感谢您的来电,再见!

根据情景演练接听电话礼仪,见表 3-7。

【情境导入】
你是一名刚毕业大学生,应聘到某汽车4S店做客服专员。上班当天,突然接到客户王先生打来的电话,这位客户车辆在某地抛锚,需要救援。你该怎么处理此救援电话?

表 3-7 情景演练步骤

客服专员扮演者		客户扮演者	
接电话时间			
重要的第一声			
礼貌用语			
迅速做出反应			
适当记录问题			
礼貌挂断电话			

3) 学习评估

指导老师根据各组员的个人表现及其所在小组的团体表现,对其演练过程进行评估。评估标准如表 3-8 所示。

表 3-8 学习评估表

评 估 内 容	满分	得分	指出不规范之处
1. 语速适中,吐字清晰,微笑服务,声音洪亮	15		
2. 电话铃响3声之内接听,并问候客户	15		
3. 报出公司名称、部门、职位及姓名	15		
4. 在对话过程中询问并称呼客户	15		

续表

评 估 内 容	满分	得分	指出不规范之处
5. 迅速做出反应	15		
6. 使用 5W1H 提问并记录	15		
7. 礼貌挂断电话	10		

2. 演练编写邮件礼仪

1）提出演练要求

（1）全班分为 5 组，选举小组长，带领大家参与商务礼仪的演练；

（2）全班所有成员必须穿正装，男同学需系领带；

（3）指导老师根据演练内容，将演练项目平均分配给每个小组；

（4）各小组推选 2~4 名同学上台演练，对老师分配的演练项目实施演练；

（5）小组代表演练的同时，其他同学需认真观察，记录与标准不符的项目；

（6）演练完毕之后，指导老师带领大家一起进行演练项目的点评。

2）进行演练

【情境导入】

你是一名刚毕业大学生，应聘到某汽车 4S 店做客服专员。上班当天，你需要给一位姓王的先生发一封邮件，内容是某品牌某款车的介绍资料，如表 3-9 所示。

表 3-9 情景演练

客服专员扮演者	
主题的编写	
收件人和抄送人的选择	
称呼和问候的编写	
正文的编写	
附件说明	

3）学习评估

指导老师根据各组员的个人表现及其所在小组的团体表现，对其演练过程进行评估。评估标准如表 3-10 所示。

表 3-10 学习评估表

评估内容	满分	得分	指出不规范之处
1. 主题编写适当	20		
2. 收件人为客户王先生	20		
3. 称呼问候客户适当	20		
4. 正文简明扼要，行文通顺	20		
5. 如有附件正文提示客户	20		

任务2 学习并演练汽车商务接待礼仪

学习目标

1. 能够熟悉汽车商务接待礼仪；
2. 能够掌握汽车商务接待礼仪注意要点。

学习内容

1. 迎接客户礼仪；
2. 介绍礼仪；
3. 称谓及握手礼仪；
4. 交换名片礼仪；
5. 引导及入座位次礼仪；
6. 车内座位的位次礼仪；
7. 上下楼梯的顺序；
8. 奉茶礼仪；
9. 欢送客户礼仪。

知识准备

在商务活动中，掌握正确的接待礼仪不但可以展现商务人员的自身修养，也可以增强其沟通能力，从而能有效地推动商务活动的顺利进行。

商务接待礼仪主要表现为迎接客户、介绍、称谓问候、递送名片、座位位次等礼仪，它是汽车商务人员基本的礼仪规范，是衡量汽车商务人员基本素质的最重要指标之一。

1. 迎接客户的礼仪

迎接客户是汽车商务人员与客户接触的首要工作，给对方留下良好的第一印象，为进一步的深入接触打下基础。以热情有礼、周到妥帖的态度做好迎接客户的工作，使客户有"宾至如归"的感觉，是迎接客户的基本要求。

客户到来前，应保持基本站姿，并密切注视客户动向，如图3-6所示。

图3-6 接待台

在客户进入展厅前，接待员工主动上前打开大门迎接客人引导客户进入展厅。迎接客户实行"三到服务"：人到，微笑到，礼貌语言到（图3-7），面带微笑，同时问候客户："先生/女士，中午/晚上好！欢迎光临××经销商"。如是熟客，据当时情况直呼："某先生/女士，中午/晚上好！"即可。如遇到客户开车前来，接待人员应主动帮客户打开车门迎接客户，若是下雨天气，接待人员还需要打伞出门迎接客户。

图 3-7　迎接客户典型礼貌用语

2. 介绍礼仪

介绍是人际交往中使互不认识的人之间减少陌生感，缩短人与人之间的距离，是人与人之间进行沟通的出发点，建立必要的了解、信任和联系的一种基本、最常见的方式。得体的介绍往往会给对方留下良好的第一印象，因此人们又把介绍作为"交际之桥"。

在作介绍的过程中，介绍者与被介绍者的态度都要热情得体、举止大方，整个介绍过程应面带微笑。一般情况下，介绍时，双方应当保持站立姿势，相互热情应答。

1）自我介绍

自我介绍一般包括公司、职位、姓名、年龄、从业经历、特长等内容，如图 3-8 所示。

在初次接触客户时，一个热情的问候和简单的自我介绍，易于拉近彼此之间的距离。一种是想了解对方的情况，如服务顾问接到客户预约电话时，可以这样说"早上好，一汽大众汽车销售服务有限公司，我是服务顾问张宁，很高兴为您服务，请问怎么称呼您？"另一种是想向别人说明自己情况之时，如销售顾问接待客户时，可以这样说"女士您好！欢迎光临一汽大众 4S 店，我是销售顾问张宁,（您可以叫我小张），请问有什么可以帮到您的吗？"

图 3-8　正式自我介绍的内容

2）介绍他人

应掌握介绍的先后顺序，遵循"让长者、客人先知"的原则。即先向身份高者介绍身份低者，先向地位高者介绍地位低者，先向年长者介绍年幼者，先向女士介绍男士等。介绍他人时，应简洁清楚，不能含糊其辞。可简要地介绍双方的职业、籍贯等情况，便于不相识的两人相互交谈。介绍他人时，不可用手指指点对方，应有礼貌地以手掌示意，如图 3-9 所示。

在 4S 展厅，客户就是特别受尊重的一方，销售顾问在向顾客介绍店内其他工作人员时，应该先为客户介绍店内工作人员，然后再向其他人介绍客户本人。

图 3-9　介绍他人

3. 称谓礼仪

中华民族素有"礼仪之邦"的美称，这决定了对称谓要求也相当严格。称谓是一种友好的问候，是人们交往中所使用的用以表示彼此身份与关系的名称，是人际交往的"开路先锋"。

在某 4S 店上班的王先生与公司门卫的关系处的好，平时进出公司大门时，门卫都对王先生以王哥相称,王先生也觉得这种称呼很亲切。某天王先生陪同几位来自香港的客人一同进入公司,门卫看到王先生一行人,又热情地打招呼:"王哥好!几位大哥好!"谁知随行的香港客人觉得很诧异,其中有一位还面露不悦之色。由此可见,不称呼或者乱称呼对方,都会给人带来不快,给会面带来负面影响。在人际交往中,正确的称谓如同人际关系的润滑剂,将有利于双方的进一步交往。合适的称谓一方面表达出对他人的尊重,另一方面也表现出自己的教养和礼貌,同时反映出关系发展的程度及一定的社会风尚。

1) 称谓的方式

在社会交往中,彼此之间的称谓有其特殊性。总体要求是庄重、正式、规范。常见的称谓方式有以下几种,如表3-11所示。

表3-11 称谓方式

称谓方式	使用场合	示范用语
职务性称谓	谈论公事,以示身份有别,敬意有加	张处长、李书记、陈主任
职称性称谓	具有职称者,可直接以其职称相称	吴教授、孙研究员
学衔性称谓	增加被称呼者的权威性,有助于增加现场的学术气氛	杨振宁院士、工学硕士郑伟
行业性称谓	按行业进行称谓	小姐、女士、先生
姓名性称谓	一般限于同事、熟人之间	老王、小白

2) 称谓应注意的问题

(1) 称谓要看对象

与多人见面招呼时,称呼对方应遵循先上级后下级、先长辈后晚辈、先女士后男士、先疏后亲的礼遇顺序进行。

同事之间的称谓已有一定的讲究。一般来说,在客户、工作等场合,直接称呼其职务、职业。还可以采用"姓+职务、职业称谓",如"李经理";"名+职务",如"刘备主管";"姓名+职务、职称称谓",如"张飞教授"。

一般年纪较大、职务较高、辈分较高的人对年纪较轻、职务较低、辈分较小的人称呼姓名;相反,年纪较轻、职务较低、辈分较小的人对年纪较大、职务较高、辈分较高的人称呼姓名是没有礼貌的。

在所有称呼中,最亲切、最随便的一种称呼是不称姓而直呼其名,但仅限于长者对年轻人,老师对学生,或关系亲密的人之间。

对不同性别的人应使用不同的称呼,对女性可以称"小姐"、"小姑娘"、"女士"等,对男性可称"先生"、"师傅"等。

(2) 称谓要看场合

一般情况下,人们对对方的称谓都是与其环境相对应的正式称谓。例如,某4S店有一位姓刘的经理,下级向他汇报工作时称他"刘经理";同事和他交往时称"老刘";年轻人在车间里称他为"刘师傅";他的亲密朋友在与他交往时称其"刘大哥";回家时,妻子称他为"老公";对他不满的人私下里称他为"姓刘的"。

(3) 称谓和身份、修养有关

能够恰当地称呼对方还与一个人的文化修养有关,一个没有见过场面的农民很难称呼一个风度翩翻的服务顾问为"先生"。因此,作为汽车服务人员应该不断提高自身修养,学会恰当地称呼对方。

4. 握手礼仪

握手是国际上通用的一种礼节,它是见面时最常用的礼仪。握手除了作为见面、告辞、和解时的礼仪外,还可以表示一种感谢、祝贺以及相互鼓励等。如果不懂握手的规则就会遭遇尴尬的场面,因此掌握握手礼仪十分必要。

1) 握手的次序

在正式商务场合中,握手时的伸手的先后次序主要取决于职位和身份;在社交和休闲场合,则主要取决于年纪、性别。

根据礼仪的规范,握手时双方伸手的先后次序,一般应当遵守"尊者先伸手"的原则,应由尊者首先伸出手来,位卑者只能在此后予以响应,而绝不可贸然抢先伸手,不然就是违反礼仪的举动。其基本规则如下:

(1) 职位、身份高者与职位、身份低者握手,应由职位、身份高者首先伸出手来。

(2) 女士与男士握手,应由女士先伸出手来。如果女士不伸手或无握手之意,男士向对方点头致意或微微鞠躬致意。男女初次见面,女方可以不和男士握手,只是点头致意即可。男女握手时,男士要脱帽和脱右手手套,如果偶遇匆匆忙忙来不及脱,要道歉。女士除非对长辈,一般可不必脱手套。

(3) 宾客之间握手,主人有向客户先伸手的义务。在宴会、宾馆或机场接待宾客,当客户抵达时,不论对方是男士还是女士,女主人都应该主动先伸出手,如果主人是男士,尽管对方是女宾,也可先伸出手,以表示对客人的热情欢迎。而客户告辞时,则应由客人首先伸出手来与主人相握,在此表示的是"再见"之意。

(4) 年长者与年幼者握手,一般要等年长的先伸手。和长辈及年长的人握手,不论男女,都要起立趋前握手,并要脱下手套,以示尊敬。

(5) 上下级之间握手,下级要等上级先伸出手,但涉及主宾关系时,客不考虑上下级关系,做主人的应先伸手。

(6) 已婚者和未婚者握手,应由已婚者首先伸出手来。

(7) 如果需要和多人握手,则握手时亦应讲究先后次序,由尊而卑,即先年长者后年幼者,先长辈后晚辈,先老师后学生,先女士后男士,先已婚者后未婚者,先上级后下级,先职位、身份高者后职位、身份低者。

另外,社交场合的先到者与后到者握手,应由先到者先伸出手来。

值得注意的是,握手时的先后次序不比处处苛求于人。如果自己是尊者、长者或上级,而位卑者、年轻者或下级抢先伸手时,最得体的就是立即伸出自己的手,进行配合,而不要置之不理,使对方当场出丑。

2) 握手的姿势

在商务场合握手的标准方式是行礼时行至距握手对象约 1 米处,双腿立正,上身略向前倾,伸出右手,四指并拢,拇指张开与对方相握,握手时用力适度,不轻不重,恰到好处,握手时间一般是 3~5 秒,神态应专注、热情、友好、自然,通常是面带微笑,目视对方双眼,并且寒暄问候。随后恢复原状,具体握手位置以下说明。

(1) 男士和男士握手,应是整个手掌,如图 3-10 所示。

(2) 女士和女士握手,应是食指位,如图 3-11 所示。

(3) 男士与女士握手,应握女士的手指部位(或手掌 1/3 处),或轻轻贴一下,如图 3-12 所示。

图 3-10　男士握手位置　　　图 3-11　女士握手位置　　　图 3-12　女士与男士握位

3) 握手的禁忌

握手是一个细节性的礼仪动作,做得好,不一定会产生显著的积极效果,但是做得不好,却能产生明显的负面效果。由于它可被用来传递多种信息,因此在握手时应努力做到合乎规范,并且避免违反下述失礼的禁忌。

(1) 另外一只手不要拿着报纸、公文包等物品,也不要插在口袋里;

(2) 应当遵守秩序,依次而行,不要争先恐后;

(3) 在社交场合女士戴着薄纱手套与人握手是被允许的,但男士无论何时都不能戴手套握手;

(4) 不允许戴着墨镜,除患有眼疾或眼部有缺陷者外;

(5) 不要拒绝与人握手,不要用左手与人握手;

(6) 不要把对方的手拉过来、推过去,或者上下左右抖个没完;

(7) 不要用很脏的手与人相握;

(8) 不要在与人握完手后,立即擦拭自己的手掌,好像与对方握一下手就会使自己受到感染似的;

(9) 不要仅握住对方的指尖,也不要递给对方一截冰冷的手指尖;

(10) 不要面无表情、不置一词或者长篇大论、点头哈腰等。

5. 交换名片礼仪

现代社会人们越来越注重名片的使用,联系业务、结交朋友互留名片似乎是成为初次相识时不可缺少的程序。

名片直接承载着个人信息,便于携带、使用和保存,是"交际的使者",是一种自我的"介绍信"和社交的"联络卡"。使名片充分发挥作用,就必须掌握名片的相关礼仪。

1) 名片的递送

(1) 足量携带。会客前检查和确认名片夹是否有足够的名片。

(2) 放置到位。携带的名片要放在合适的位置,一般是放在名片夹里,名片夹男士放在上衣口袋中,女士放在手袋中,建议不要放在钱包里,同样办公室里也要备有足量的名片。

(3) 循序渐进。名片递送的顺序为:先客后主,先低后高,先女后男,即职务低者、身份低者、拜访者、晚辈、年轻者、男性、未婚者,应先把自己的名片递给他人。在社交场合中,若向多人递送名片,一般有两个规则:一是按照职务高低的顺序;二是由近及远,切勿跳跃式地进行,例如圆桌,顺时针由远及近方向旋转。

(4) 递名片时的拿法。递送名片时,有两种方式,如图 3-13 所示。一种方式是将名片最重要部分正对着对方,用双手的食指和拇指分别握住名片上端的两角递送给对方;另一种方式是用右手递上自己的名片(名字也要朝向对方),用左手去接对方的名片。如果接到对方的名片再去寻找自己的名片,则会被认为是失礼的。

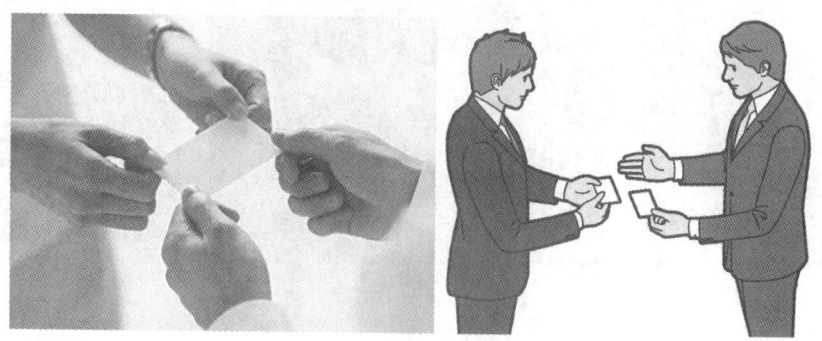

图 3-13　递名片的姿势

（5）递名片时需要寒暄。递送名片时要面带微笑，眼睛注视对方，大方地说"请多指教"、"希望以后多联系"等礼节性用语。

2）索要名片

在一般的社交场合中，有时需要主动索要名片。索要名片有以下几种方法。

（1）交易法

对于，交易法是比较方便、省事的一种方法。古语讲："将欲取之，必先予之"，想要对方的名片，首先把自己的名片递给对方，同时，来而不往非礼也，出于礼仪，对方也将回赠一张名片。

（2）明示法

对于相对熟悉但是好长时间没见的人，担心对方的职务、地址、号码等有变动，"××好长时间没见了，我们交换一下名片吧，这样联系更方便。"

（3）谦恭法

对于晚辈、年轻人，向长辈、有地位的人索要名片，使用谦恭法比较合适。例如"金教授，听您刚才这个讲座很受启发。我本人呢，也深感自己的交往艺术方法有待提高，听说您一会还有活动，不便打扰您了，您看以后有没有机会积极向您请教？"

（4）联络法

长辈对晚辈、上级对下级或者平级平辈人之间使用联络法比较合适。"××认识你非常高兴，希望以后和你保持联系，以后怎么和你联系比较方便？"

3）接受名片

（1）要起身迎接

接受他人名片时，不论有多忙，都要暂停手中一切事情，并起身站立相迎，面带微笑，双手接过名片。若两人同时递接名片，应当右手递，左手接，接过名片后双手持握名片，表示对名片的重视，也是对名片主人的尊重。

（2）要表示谢意

一般递送名片时会寒暄，所以接过名片后，以"不客气"等回应对方。

（3）要回敬对方

接受他人名片后，应立即回赠给对方一张自己的名片；没有名片、名片用完或忘带名片时，应向对方做出合理的解释，并致以歉意，切莫毫无反应。

（4）接过名片一定要看

接过他人名片后，将其从头到尾默读一遍，有两个作用：一是表示对交往对象的重视；二是了解对方的确切身份。在国际交往中，比较重视这一细节。

(5) 把名片收藏到位

名片如脸面,不尊重他人的名片,如同不尊重他人,是缺乏教养的体现。接到他人名片后,避免拿在手里玩耍、涂改等,而应将其放在自己的名片夹、上衣口袋或办公桌抽屉中,以示尊重和珍视,且他人的名片应与本人名片区别放置。

在国际交往中,名片除了自我介绍功能、联络功能,还有替代信件的功能、留言的功能、礼单的作用等。

6. 引导及入座位次

在生活和工作中,您是否遇到过这样的困惑,会场上面对着大大小小的领导,不知道该如何安排他们的座位,如图3-14所示。就桌前看着满桌的菜肴分不清自己究竟该坐哪?行进中前后左右又该如何体现出对客人的尊重?如此诸多的问题,使人往往迷失在座次的选择上。

图3-14 座次的困惑

1) 引导礼仪

(1) 引导位置

引导员站在客人的左前方,距离客人的左前方1米到1.5米处,传达"以右位尊,以客为尊"的理念。来宾人数越多,引导的距离也应该越远,以免照顾不周。

(2) 引导手势

在引导时,四指并拢,拇指靠向食指,手掌伸直,由身体一侧自上而下抬起,以肩关节为轴,到腰的高度再由身前左方或右方(视指引的方向和来宾的位置而定)摆去,手臂摆到距身体15厘米,并不超过躯干的位置时停止,目视客人,面带微笑,如图3-15所示。

(3) 引导语言

要有明确而规范的引导语言,多用敬语"您好"、"请",以表达对客人的尊重,确保客人心情舒畅并且能安全到达目的地。

图3-15 引导手势

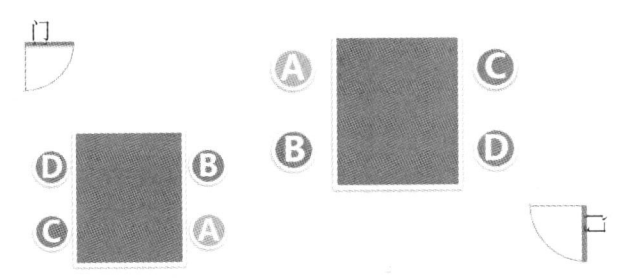

图3-16 会议室的座次

2) 入座位次

(1) 会议室的座次

商务交往中,会议座次排列有下面一些规则。前排高于后排,中央高于两侧,右侧高于左侧(政务会议则为左侧高于右侧),面门高于背门,如图3-16所示。

大型会议一般是指与会者众多、规模较大的会议,会场上设有主席台与群众席,前者必须认真排座,后者的座次则可排可不排。主席台一般应面对会场主入口,前排高于后排、中央高于两侧、右侧高于左侧(商务会议)、左侧高于右侧(政务会议)。

（2）谈判的座次

在商务交往中，谈判座次以正对门面为上位，以右侧为大，左侧为小，如图3-17所示。

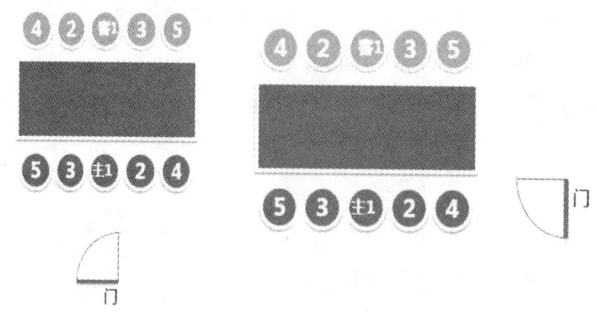

图3-17 谈判座次

7. 车内座位的座次

在商务交往中，乘坐车辆尊位的确定主要依据司机的身份而定。

（1）接待客人是一种公务接待，车辆是单位的，由专职司机驾驶轿车，通常讲究右尊左卑，后排为上，前排为下，上座是司机后排对角线，如图3-18所示。

（2）社交应酬时，这时车辆一般归属个人，由轿车主人亲自驾驶，通常副驾驶座为上座，如图3-19所示。

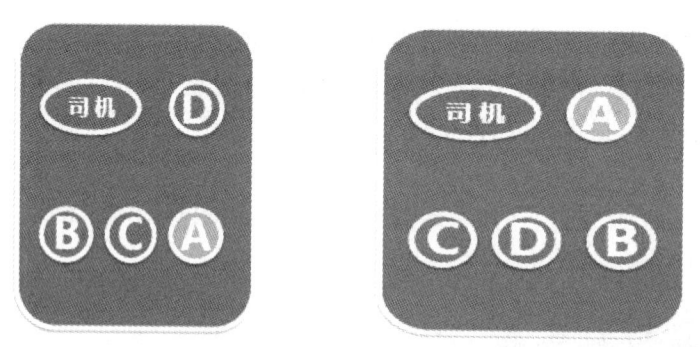

A—主客人；B—次客人或次主人；C—次客人或次主人；D—随从（此位尽量不安排）

图3-18 专职司机驾驶的座次　　图3-19 主人驾驶的座次

（3）男主人做司机并有女主人相陪时，一般副驾驶座为女主人，车内后排右为上、左为次、中为三，应安排主客人坐在后排右侧，如图3-20所示。

（4）另外几种特殊情况：一是主人或熟识的朋友亲自驾驶车辆时，如果坐在后排，非常不礼貌，这种情况下，副驾驶位置为上座；二是接送高级官员、将领、明星等知名公众的人物时，主要考虑乘坐者的安全性和隐私性，司机后方位置为轿车的上座，通常也被称为VIP位置。

8. 上下楼梯的顺序

1) 上下楼梯的顺序

一般而言，遵循"把墙留给客户"的原则，即引导客户走楼梯内侧。上下楼梯要单行行进，没有特殊情况要靠右侧单行行进；上楼梯时，客

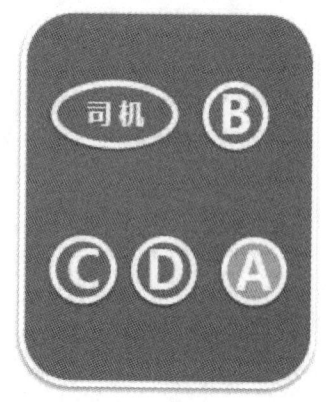

A—主客人；B—女主人；C—次客人或随从；D—随从（此位尽量不安排）

图3-20 男主人驾驶女主人相陪的座次

人走在前面,陪同者紧跟后面;下楼梯时,陪同者走前面,并将身体转向客人;男女同行时,上下楼宜令女士居后。

2) 上下电梯的顺序

出入电梯时,陪同人员先进后出,电梯无人时,在客人之前进入电梯,按住"开"按钮,请客人进入电梯,到达目标楼层后,按住"开"按钮,请客人先下;电梯有人时,无论上下都应客人、上司优先。电梯门打开时先等别人下电梯才可以上电梯;走进电梯后,先上的人站在电梯门的两侧或后壁,最后上的人站在中间;电梯内不可大声喧哗或嬉笑吵闹。

9. 奉茶的礼仪

现代社会,以茶待客更成为人们日常社交和家庭生活中普遍的往来礼仪。掌握好茶礼仪,不仅是对客人、朋友的尊重,也能体现自己的修养。

(1) 奉茶时,请以托盘端出,托盘约与胸同高。

(2) 奉茶时,应按职位高低顺序端给客人,再按职位高低端给公司同仁。一般应为先客后主,先女后男,先尊后卑的礼遇顺序进行,或者按一定的顺序,切勿跳跃式。

(3) 上茶时,先将托盘放在桌上;上茶时应双手端茶,从右方奉上,眼睛注视奉茶者,面带微笑说:"这是您的茶,请慢用。"尽量不要用一只手上茶,尤其是不能用左手。切勿让手指碰到杯口。为客人倒的第一杯茶,通常不宜斟得过满,以杯深的 2/3 处为宜。

(4) 把握好续水时机,以不妨碍宾客交谈为佳,不能等到茶叶见底后续水。

(5) 水温不宜太烫,约为 80℃左右,刚泡好的茶要告知对方。

(6) 饮料和茶一样,不宜倒太满,以 7~8 分满为宜。

(7) 茶水端出时,应将杯耳部分向着客人右侧。

(8) 奉茶的动作要连贯、自然。

10. 欢送客户

客户来时,以礼相迎,客户告辞,还应当以礼相送,使整个接待善始善终。送客失礼,会大大影响接待工作的效果。因为客户离开后,很自然地品评你整个的待客情况。冷漠地送客,会产生长时间的不愉快,即使此前一直是彬彬有礼的,这时也会感到扫兴。因此送客时,除了讲些告别的话,还要讲究些送客艺术。

(1) 道别的提出。来宾或客户率先提出告辞。

(2) 欢送客户的寒暄之辞。客户提出告辞时,提醒客户携带好随身物品,对即将离去的客户说些客气的话,表明希望能够再一次见面(图 3-21),使客人愉快地离去,送到客户离开视线为止。

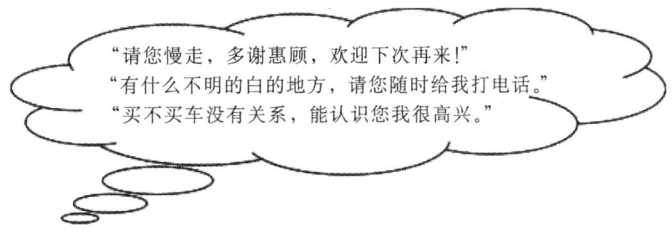

图 3-21 欢送客户的典型寒暄

(3) 欢送客户的表现。如果客户自己开车,帮客户打开车门,遇到雨天或雪天,接待人员还需要打伞出门欢送客户。

小组演练

1. 提出演练要求

(1) 全班分组,选举小组长,并推选2~3名代表,其中一名扮演销售顾问,其他人员扮演客户;
(2) 演练之前,由指导老师扮演客户带领全班同学对2组体现原则的脚本进行朗读;
(3) 朗读完毕之后,各小组利用10分钟的时间进行小组内部的演练和对脚本的分析;
(4) 小组演练完毕之后,各小组在老师的安排下轮流上台进行脚本演练;
(5) 演练过程中,其他同学认真听讲,并记录演练全过程;
(6) 演练完毕后,由指导老师带领全班成员对各小组演练结果进行点评。

根据老师提供的脚本,见表3-12,排练10分钟。

表3-12 情境演练剧本

【场境描述】 假如你是公司的市场部经理王华,和某公司刘总做商务谈判。在某酒店举行,宴会设在3层多功能厅,有电梯直达。嘉宾刘先生由你接待。对话如下:
王华:您好!欢迎光临本次庆典,我是市场部经理王华,这是我的名片。 (由于是冬天,王华将手套脱掉,和刘先生握手。将名片最重要部分正对着对方,用双手的食指和拇指分别握住名片上端的两角递送给对方。) 嘉宾:您好,王经理。这是我名片。 (两人同时递接名片,应当右手递,左手接,接过名片后双手持握名片。王华看了一会名片。) 王华:刘总,您好,幸会幸会。此次庆典在3楼多功能宴会厅,我带您过去。 (在刘总的左前方,距离刘总的左前方1米到1.5米处,四指并拢,拇指靠向食指,手掌伸直,目视客人,面带微笑。到达电梯时,王华先进,在刘总之前进入电梯,按住"开"按钮,请刘总进入电梯,到达3层后,按住"开"按钮,请刘总先下。) 王华:刘总,您这边请。 (到达宴会厅,找面门的一个座位,引导刘总落座。) 王华:刘总,您请坐,您喝点茶水还是咖啡? 刘总:茶水就好,谢谢你。 王华:不客气,请您稍等。 (王华应双手端茶,从右方奉上,眼睛注视奉茶者,面带微笑。) 王华:刘总,这是您的茶,请慢用。 (谈判结束,来到酒店一层大厅门外。刘总的司机已经在店外等待,王华为刘总打开右后车门,面带微笑。) 王华:刘总,欢迎您的光临,以后多多联系。祝您工作顺利。 刘总:再见。 王华:再见。 (目送客户离开。)

2. 进行演练

根据情景演练商务接待礼仪,见表3-13。

【情境导入】

你是一名刚毕业大学生,应聘到某汽车4S店做汽车销售顾问。上班当天,客户王先生第一次来你的4S店看车,正好你接待第一次来店的王先生。

表 3-13　情景演练剧本

销售顾问扮演者		客户扮演者	
迎接客户			
自我介绍			
称呼客户并握手			
和客户交换名片			
引导进入洽谈并就坐			
提供饮品			
欢送客户			

3. 学习评估

指导老师根据各组员的个人表现及其所在小组的团体表现，对其演练过程进行评估。评估标准如表 3-14 所示。

表 3-14　学习评估表

评估内容	满分	得分	指出不规范之处
1. 迎接客户做到"三到服务"	15		
2. 自报出公司名称、部门、职位及姓名	15		
3. 以"×女士"、"×先生"称呼客户	15		
4. 双手交换名片，名片正面朝向客户	15		
5. 引导礼仪和座位选择得当	15		
6. 奉茶礼仪得当	15		
7. 寒暄并为客户打开车门，送之客户离开视线	10		

学习情境4　汽车商务拜访礼仪

学习目标

1. 了解汽车商务拜访的目的及意义;
2. 熟悉商务拜访及馈赠的礼仪规范;
3. 正确运用拜访和馈赠礼仪的技巧。

情境导入

　　王华是一位刚大学毕业到一汽大众销售公司实习的新业务员,今天准备去拜访某公司的刘经理。由于事前没有刘经理的电话,所以王华没有预约就直接去了刘经理的公司。王华刚进一汽大众公司还没有公司制服,所以他选择了休闲运动打扮。到达刘经理办公室时,刚好刘经理正在接电话,就示意让他在沙发上坐下等。王华便往沙发上一靠,跷起二郎腿,一边吸烟一边悠闲地环视着刘经理的办公室。在等待的时间里不时地看表,不时地从沙发上站起来在办公室里走来走去,还随手翻了一下放在茶几上的一些资料。请问王华在这次拜访中成功的几率高吗?如果不高,请你指出他失礼的地方?

任务1　学习并演练汽车商务拜访礼仪

学习目标

1. 了解汽车商务拜访的目的；
2. 掌握恰当的拜访时机并准时赴约；
3. 能以正确的言谈举止和技巧拜访客户。

学习内容

1. 拜访的目的；
2. 拜访预约；
3. 准时赴约；
4. 拜访礼仪要点；
5. 拜访时交谈的内容；
6. 销售拜访技巧。

知识准备

拜访是一种双向的活动。宾主双方都必须恪守本分，依照相应的礼仪规范行事。拜访指亲自或者派人到朋友家或有业务往来的客户单位或相应的场所去拜见、询问某人或单位的活动。人际之间、社会组织之间、个人与企业之间都少不了这种拜访。

1. 拜访的分类

根据拜访的性质，可将拜访分为以下三类：

1) 事务性拜访

事务性拜访主要意指公务正式场合下的拜访活动，又分为商务性拜访和专题交涉性拜访，如图4-1所示。

2) 礼节性拜访

礼节性拜访主要倾向于人们日常生活中的一种礼节性社交行为，可以更加交流信息、沟通思想、增进感情，如图4-2所示。

3) 私人性拜访

私人性拜访主要指非公务类场合下的拜访活动，倾向于家庭式或个人性社交，可以有效地联络感情、增进友谊，如图4-3所示。

因拜访的主客体及目的的异同，本节主要进行商务性拜访的介绍。

图4-1　事务性拜访

图4-2 礼节性拜访

图4-3 私人性拜访

2. 汽车商务拜访

汽车商务拜访是汽车商务交往中最经常的活动,可以是汽车制造厂与汽车经销商之间的相互拜访,也可以是汽车经销商之间的相互交往,最多的就要数汽车销售顾问去拜访客户了,总体可概括为围绕汽车的制造、销售和服务的一切公务性行为,通过拜访能够使拜访者取得成功直至带来经济效益的或双方共赢的拜访活动。

图4-4 汽车商务拜访

特点:双方代表的是公司的形象。不分男女、无论长幼、客户至上、职位优先,如图4-4所示。

3. 汽车商务拜访的目的

拜访客户的目的又是什么呢?如果不明白自己的目的、不明白自己的方向、不明白为何要拜访客户,或者只是为了应付领导,这样拜访客户会不会达成目标,达到预期的效果?

有人说是为了与客户建立共识;有人说是了解客户需求;有人说是为了客户更好地认同自己的公司、认同自己的产品;有人则说是为了成交。明确了拜访的目的,我们才会知道要用哪些拜访工具、要掌握哪些信息,不能打没有把握的仗。

1)销售产品

销售产品是拜访客户的主要任务,也是拜访客户挑战最大的环节,所以,在此将阐述该使用哪些方法和工具来达到销售目标,如图4-5所示。

图4-5 汽车销售

图4-6 客户关系

2)建立客情

建立客情的要求是让客户不讨厌我、喜欢我、记得我、相信我。销售人员要在客户心中建立自己个人的品牌形象。这有助于赢得客户对销售工作的配合和支持。客户认同个人,将会连带反应地认同公司,认同产品、服务,从而获得良好的客户关系,如图4-6所示。

3)收集客户的信息

销售人员要随时了解市场情况,监控市场动态。需要了解客户的需求,了解客户的兴趣点,了解企业的规模、人数,企业的生产、经营、战略、产品,甚至要了解到企业决策人的生日、家庭、小孩、健康、经济等情况。了解得越详细,对以后客户需求的把握或挖掘会起到决定性的作用,如图4-7所示。

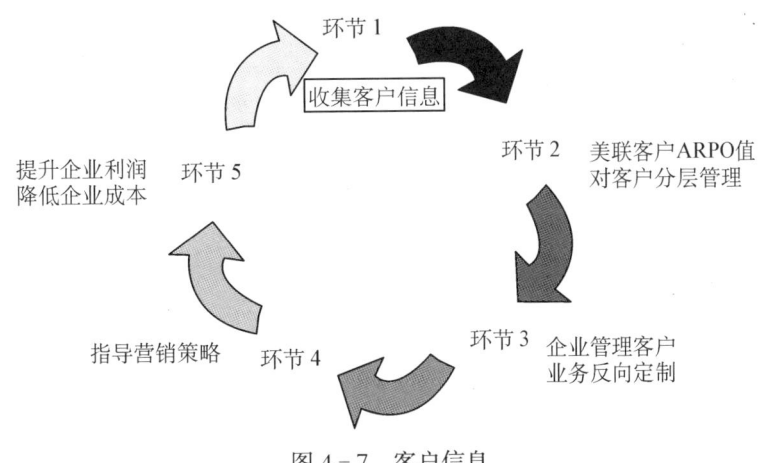

图4-7 客户信息

4)引导客户

销售人员分为两种类型:一是只会向客户要订单的人,二是给客户出主意的人。前一类型的销售人员获得订单的道路将会很漫长,后一种类型的销售人员将会赢得客户的尊敬。比如做培训咨询的业务,当客户遇到棘手的问题时,可以站在客户的角度上帮忙协助出谋划策,为其提供服务。可以通过正确的引导去带动客户消费,如图4-8所示。

5)市场维护

没有维护的市场是昙花一现。销售人员要处理好市场运作中问题,解决客户之间的矛盾,理顺渠道间的关系,确保市场的稳定。

图4-8 客户引导

4. 汽车商务拜访礼仪

为了使交流在一种和谐、欢愉的气氛中进行,拜访时应遵守一定的礼仪规范。即拜访要遵循三个原则:"有约在先、上门守礼、为客有方"。总而言之,拜访不能让主人感到麻烦,感到负担,或者勉为其难,应以主人的意愿为优先考虑。

拜访他人要有约在先,不要做不受欢迎之不速之客,即不能不邀而至。

1)拜访预约

当拜访他人时要提前约定,不能打扰别人的行程安排。预约的方式可以灵活,可以电话预约,也可信件预约,信件预约包括纸质信件和电子邮件两种。"有约在先"的四个要点如下:

(1)约定时间(图4-9)

拜访强调的是不能贸然拜访,而是要事先预约,不做不速之客,且要依约前往。在与客户约定

图 4-9 时间约定

时间时,要以客户的时间为准,要在客户方便的时候进行拜访,这样可以充分体现出对客户的尊重,会在未见面时就先给客户留下较好的印象。

① 提前多久预约

a. 预约拜访前应提前一天或两三天联系约会对象,以确认拜访时间;

b. 预约拜访前应先询问对方是否另有安排;

c. 预约拜访前应提醒对方,免得对方忘记而失约。

预约别人在某天前去拜访,拜访前却不确认,这样做不礼貌。约定好的事情,对方可能会因为事务繁忙或记性不好而忘记,或者因为临时有事而需要做出其他安排。如果拜访前不确认一下,就可能导致拜访时找不到人、对方没有时间等结果。既然是主动约别人,就应该对约定更加负责。有的重要约会,如果不由预约者提前确认一下,对方就会疑心预约者已经忘记或另有安排,或者根本就不是真心相约。

② 约定到达时间

首先应双方约定何时而至,以让受约方提前安排接见时间,并妥善处理其他事项。

反例:有一客人约定8点而至,主人等待了一天,却未料客人晚上八点才至,很大可能影响了主人一天的心情,更有甚者耽误了人家事务处理。

因此,最佳的拜访时机为:写字楼拜访时间约定,最好不要在星期一或工作日的上下班时间,不要安排在午休或就餐时间;私宅拜访时间应尽量在晚上7点30分到8点之间或节假日前夕,"不速之客"或因故失约要及时表示道歉。

③ 约定离去时间

有约在先,不仅包括到达的时间,还要包括离开的时间,即停留的时间段。应根据拜访目的和被访对象意愿而定,时间宜短不宜长,商务拜访一般以半小时左右为宜。

反例:一客人约定9点而至,未说何时而归,只说简单聊聊,借几本书,主人心想估计顶多1~2小时足够,下午的工作会议则未作请假安排。待客而至,客人一聊聊到了12点,主人邀请客人用餐,客人亦未客气,用餐后接着聊,主人不好意思逐客啊,直接就毁了主人的会议,还挨了领导的批评。

若客人这样约定:"王经理,明天上午9点左右想去拜访下您,大约20分钟左右的时间,不知您是否有时间?",则主人将会明白该拜访有否影响自己的行程,是否需要进行调整,以便为拜访做好妥善安排或另行约定。

(2) 约定地点

现代人活动范围极其广泛,在办公室约见还是商务咖啡厅?约定个确切地点,不至于造成误会,更不至于浪费双方等待及寻找的时间。

(3) 约定人数

约定好来访人数,甚至告知随访者为谁?可以让主人充分准备。有时也有来访者带来了主人不想见的多余之人,那就不太受欢迎了。

若客人这样约定:"王老师,我这有个朋友,特别敬仰您,看了您的很多书,有些问题想向您当面请教,不知可否一起同行拜访?"相信这样说,没有主人会不乐意或者给人家吃闭门羹的,否则就算不约而至了。

(4) 约定主题(图4-10)

不论因公还是因私而访,都要事前与被访者进行电话联系。电话中要提出访问的内容,使对方有所准备,在对方同意的情况下定下具体的时间、地点。每个人的时间都很宝贵,为何而约应该提前给受约者一个概述,使其做好心理及谈话准备。比如"某电视台记者要采访,有些记者就很有经验,将采访提纲传真或电子邮件过来,采访对象随即一清二楚,根据采访的主题提前做好应答对策及言语组织,受访者不致届时措手不及。

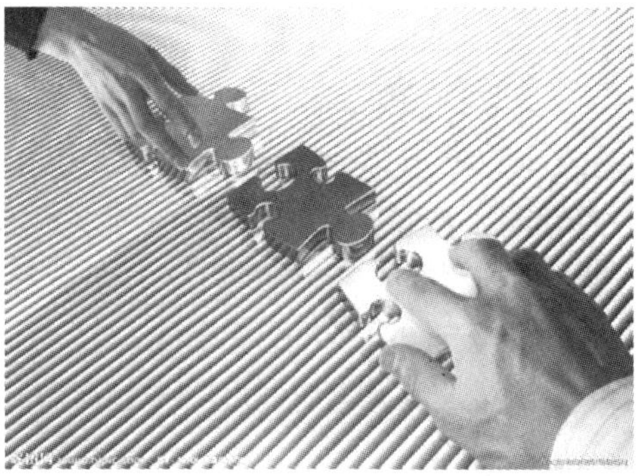

图 4-10 主题约定

2) 拜访的合宜时机

拜访客户需要选择合适的时机:首先要选择客户心情很好或轻松的时候,例如他的公司运营得很好,本年的利润可观;其次要选择客户不太忙碌的时候,若你明知客户公司最近公事繁忙,可你还是选那个时段登门拜访,恐怕不会有好的收获;第三要避免刚上班、午休或下班前去见客户,尤其不要在快下班时拜访客户,因为你的莽撞行为可能会耽误客户需要办理的私事;客户工作告一段落的时候是你去拜访的一个最佳机会,因为在此时段客户比较放松,往往能够坐下好好交谈,如图 4-11 所示。

图 4-11 合宜时机

3) 准时赴约(图 4-12)

如期而至,不做失约之客。如约而至,别违约、别爽约,且要准时到。原则上去办公区域拜访应提前 5~7 分钟到达。如提前与顾客预约好时间应准时到达,到得过早会给顾客增加一定的压力,到得过晚会给顾客传达"我不尊重你"的信息,同时也会让顾客产生不信任感。

有些人到也到了,约好 8 点却 9 点到,浪费了受约者 1 个小时的时间。时间就是金钱、时间就是生命。还有些人,未和受约者打招呼就直接不赴约了,自我取消。若真有事不能准时赴约,应尽早通知对方,且要说明理由,否则将会引起对方的极度不满。

图 4-12 准时赴约

例如,××汽车公司的一位销售顾问××已经跟某干休所的一位老首长约定好时间进行拜访,由于自己的失误没有准时到达,结果让这位老首长很失望,等到销售顾问××到达的时候老首长已经不在家了。结果这位营销员费尽周折却白跑一趟。

4）为客有道

（1）登门有礼（图4-13）

拜访前手机调整到静音或振动，如果是重要客户，记得要关掉手机。到达拜访单位后，首先要告知工作人员，自己的姓名、工作单位及要拜访的对象，并静候工作人员通报。例如，进行拜访时，倘若抵达约定地点后，未与拜访对象直接见面，或是对方没有派员在此迎候，则在进入对方的办公室之前，有必要先向对方进行一下通报。将要进入办公室时，要先敲门，使用食指，力度适中。

图4-13 登门有礼

（2）举止得体（图4-14）

图4-14 举止得体

① 仪容仪态。到达被访人所在地时，最好先稍事整理服装仪容，大方得体，要有良好的精神风貌。

② 资料名片。在进入访客所定地点之前，要做好以下几个自检工作。首先确认名片是否备妥，其次确认是否遗漏任何谈话中可能涉及的资料，再次确认资料摆放的顺序在出示时是否方便。

③ 礼貌静候。在接待室等候时，应尽量坐着安静等待；如果等待时间过久，可以向有关人员说明，并另定时间，不要显现出不耐烦的样子。被访者进来后应立刻主动起身招呼，握手寒暄做自我介绍，并对对方抽出宝贵时间表示感谢。

④ 正确坐姿。被接待后，主人不让座不能随便坐下。主人让座之后，要口称"谢谢"，然后采用规矩的礼仪坐姿坐下，不要太过随便，即使是十分熟悉的朋友。架二郎腿、双手抱膝、东倒西歪也都是不礼貌的行为。若主人送上茶水，应从座位上欠身，双手接过，并向主人表示感谢。

⑤ 非礼勿做。拜访客户时，要非礼勿听、非礼勿视、非礼勿动。千万不要一看到客户与其他人交谈，就竖起耳朵听；未经客户允许，就私自翻阅客户资料，该行为将会令客户产生厌恶情绪；不要触动客户的任何东西，包括电子用品，尤其是电脑，机密性资料、档案及电脑程序不得乱碰。

⑥ 言语得体。与客户交谈要在谦恭有礼的基础上注意谈话技巧，若谈话让客户听得舒服，则客户继续谈话欲望将会高涨；若言谈无礼或孔洞乏味，则客户将会产生厌恶之感，提早结束谈话。与被访者的意见相左时，不要争论不休。

⑦ 其他礼节。有抽烟习惯的人，要注意观察周围有没有禁止吸烟的警示。即使没有，也要问问

工作人员是否介意抽烟。要注意物品的搁放。拜访时如带有物品或礼品,或随身带有外衣和雨具等,应该搁放到主人指定的地方,而不应当乱扔、乱放。

(3) 适时告辞(图4-15)

在拜访他人时,一定要注意在对方的办公室里进行停留的时间长度。从总体上讲,应当具有良好的时间观念。不要因为自己停留的时间过长,从而打乱对方的既定的其他日程。一般情况下,礼节性的拜访,尤其是初次登门拜访,应控制在一刻钟至半小时之内。最长的拜访,通常也不宜超过2小时。有些重要的拜访,往往需由宾主双方提前议定拜访的时间和长度。在这种情况下,务必要严守约定,绝不单方面延长拜访时间。自己提出告辞时,虽主人表示挽留,仍须执意离去,但要向对方道谢,并请主人留步,不必远送。在拜访期间,若遇到其他重要的客来访,或主人一方表现出厌客之意,应当机立断,善解人意知趣地告退。

告辞的礼仪,应面向被访者,真心诚意地道谢、道辞寒暄,退向门边,并顺手轻轻地合门而去。起身告辞,要向主人表示"打扰"之意。不要起身后一去不回头,让主人觉得很失望。

图4-15 告辞

图4-16 商务交谈

5) 拜访时交谈的内容

客户拜访工作是一门集营销艺术、广告宣传、语言表达为一体的综合活动,多元化产品订货量的多少,新品种的推广程度,不仅取决于产品自身的吸引力、广告的渗透力,而且很大程度上取决于客户经理语言上的表达能力。因此,掌握一些谈话的技巧,提高讲话的质量,对商务人员来说是非常有必要的(图4-16)。

在现今的工作模式下,要想实现畅通的交流,提升自身的谈话技巧,就必须把握好谈话的方式及特点。

第一,谈话内容要充实周到。这是谈话的先决条件。这就要求商务人员在推销商品的时候,不能单纯地谈论产品的品种、数量和价格,还要了解所推销商品的各项内在指标,要清楚商品的优缺点以便于更全面、更详尽地向客户介绍产品。

第二,谈话内容要真实具体。这是取信于人,树立自身形象的关键。首先,谈话不要吞吞吐吐,说一些似是而非的话,要一是一、二是二,把要表达的意思说清楚,尽量让客户明白你的意图,客户才有可能按你的意愿做事。其次,不能弄虚作假,要讲求真实。无论做人还是做事,付出真诚才能换取真诚。

第三,谈话方式要简洁干脆。幽默干脆的谈话可以吸引客户,引出更多的话题。诙谐幽默的谈话可以使谈话的气氛更加活跃轻松,即使偶有争执,一句幽默的话也胜过十句苍白的辩解。当然,幽默是出于自然的,多一分便成为油滑,少一分便成为做作,这就要求客户经理平时要注重自身学习,多方涉猎,提高自身谈话的含金量。

第四,谈话对象要因人而异。对不同身份、不同性格的人采取不同的谈话方式和策略,是实现谈话目的的关键。服务对象可以说是三教九流、无所不包,这就要求掌握他们的性格特点、了解他们的志趣爱好,投其所好,"对症下药",从他们感兴趣的话题入手,以此作为一个重要的切入点来实现谈话目的。

第五,谈话结果要言行一致。不能轻易向客户许诺,但许下的诺言必须付诸行动。"君子讷于言而敏于行",许下诺言就一定要守信履行。一次违约毁信,就有可能将个人乃至整个企业的信誉给毁掉。

总之,高质量的谈话,是实现谈话目的的首要条件。掌握并熟练地地运用谈话的技巧,肯定会取得事半功倍的效果。提升自身的谈话技巧,会更有利于自身业务能力的提升,能以更加良好的业务水平去服务客户,更加有效地拉近客户与公司的距离,提升客户对公司的忠诚度。

6) 销售拜访技巧

(1) 开门见山,直述来意(图4-17)

初次和客户见面时,可用简短的话语直接将此次拜访的目的向对方说明。比如向对方介绍自己是哪个产品的生产厂家(代理商);是来谈供货合作事宜,还是来开展促销活动;是来签订合同,还是查询销量;需要对方提供哪些方面的配合和支持等。

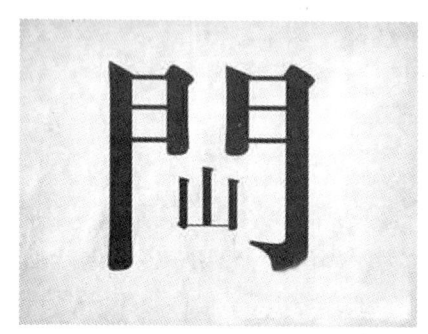
图4-17 开门见山

图4-18 赢得注目

(2) 突出自我,赢得注目(图4-18)

首先,不要吝啬名片;其次,在发放产品目录或其他宣传资料时,有必要在显见的上方标明自己的姓名、联系电话等主要联络信息;第三,以操作成功的、销量较大的经营品种的名牌效应引起客户的关注;第四,适时地表现出与对方的上司及领导等关键人物的"铁关系"。

(3) 察言观色,投其所好(图4-19)

赞美:人人都喜欢听好话被奉承,这叫"标签效应"。善用赞美是最好的销售武器。

话术:房间布置干净,人的气色、气质、穿着。"您家真干净","您今天气色真好"。房间干净—房间布局—房间布置—气色—气质—穿着。

层次:分为直接赞美、间接赞美、深层赞美三个层次。比如直接赞美(阿姨您看上去真年轻)、间接赞美(阿姨,墙上那照片是您儿子吧,看上去真英俊,一定是个知识分子,相信阿姨一定是个教育有方的好妈妈)、深层赞美(阿姨,您看上去真和蔼,就像我妈妈一样善良、温和)三个层次,赞美的主旨是真诚,赞美的大敌是虚假。

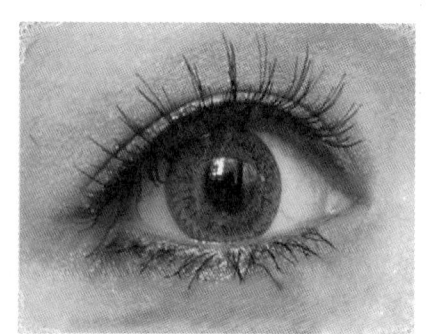
图4-19 善于观察

观察六要素——门前的清扫程度,进门处鞋子排放情况,家具摆放及装修状况,家庭成员,气氛明朗程度、宠物、花、鸟、书画等爱好状况,屋中杂物摆放状况。

观察举例:
① 如果家内装饰精美,房屋面积大,干净整洁,有保姆等。
② 如果家内装饰普通,房屋又小,几个子女与其住在一起。
③ 如果房屋是一种以古代文化为主的风格装饰。

【案例】
销售顾问小蔡依约来拜访某公司赵总,可能是双方身份的悬殊,或者是因为赵总觉得小蔡是有求于他,所以赵总显得非常冷淡。小蔡说:"听口音赵总是不是苏北人?""噢,山东枣庄人!""枣庄?枣庄是个好地方!我小时候看《铁道游击队》的小人书就知道了。""是吗?铁道游击队就是我们枣庄的。"赵总无不骄傲地说。"是啊。我前年去了一趟枣庄,还玩了一趟呢,枣庄真漂亮。"听了这话,赵总马上来了兴趣,两个人从枣庄和铁道游击队谈开了,那亲热劲,不知底细的人恐怕要以为他们是老乡呢。

(4) 明辨身份,找准对象

在拜访时必须处理好"握手"与"拥抱"的关系:与一般人员"握握手"不让对方感觉对他视而不见就行了;与关键、核心人物紧紧地"拥抱"在一起,建立起亲密关系。

(5) 宣传优势,诱之以利

商人重利。这个"利"字,包括两个层面的含义:"公益"和"私利";只要能给客户带来某一种好处,一定能为客户所接受。

图 4-20 永不言败

(6) 以点带面,各个击破

我们无法调查到有关产品的真实信息,要想击破"统一战线"往往比较困难时,必须找到一个重点突破对象。比如,找一个年纪稍长或职位稍高在客户中较有威信的人,根据他的喜好,开展相应的公关活动,与之建立"私交",让他把真相"告密"给我们。

7) 端正心态,永不言败(图 4-20)

发扬"四千精神":走千山万水、吃千辛万苦、说千言万语、想千方百计为拜访成功而努力付出;培养"都是我的错"最高心态境界:"客户拒绝,是我的错,因为我缺乏推销技巧;因为我预见性不强;因为我无法为客户提供良好的服务……",为拜访失败而总结教训。锻炼"四不心态":对客户的拒绝"不害怕、不回避、不抱怨、不气馁"。

小组演练

1. 模拟演练

1) 提出演练要求

(1) 推选 2 名代表为 1 组,其中一名扮演销售顾问,其他人员扮演客户;
(2) 演练之前,由指导老师扮演客户带领全班同学进行脚本的朗读;
(3) 朗读完毕之后,小组代表利用 15 分钟的时间进行小组内部的演练和对脚本的分析;
(4) 演练过程中,其他同学认真听讲,并记录演练全过程;
(5) 演练完毕后,由指导老师带领全班成员对小组演练结果进行点评。

2) 模拟演练剧本

根据老师提供的脚本,排练10分钟。

【案例背景】

客户庄先生刚从一汽大众购买了一辆迈腾,销售顾问刘文在新车交车后3天给客户致电关怀,预约拜访事宜,并赠送客户相关礼物。

【参考剧本】

1. 致电邀约

销售顾问:您好,我是一汽大众销售顾问刘文,请问是庄先生吗?

客户:您好,我就是。

销售顾问:庄先生,您好,您的爱车最近使用还好吗?打算将交车后续的相关物件送给您,大约用时半小时左右,不知道什么时候过去拜访您比较方便呢?

客户:车子挺好的,谢谢你的关心。我现在有客人在,礼拜二下午也就是明天我有空,请你那时候过来方便吗?

销售顾问:好的,那我明天下午到贵公司拜访您了!好,那庄先生您有客人就先忙,不打扰您了,明天下午见!

客户:好的,再见!

2. 登门拜访

销售顾问:销售顾问刘文在客户办公室外,整理好仪容,轻轻敲门。

客户:"请进!"

销售顾问:"庄先生,您好,不好意思打扰您啦!"

客户:"哪里哪里,请进!这边请!"

销售顾问:销售顾问顺着引导在沙发上入座,"庄先生,新车现在使用情况如何呢?"

客户:"嗯,很好,我很满意!"

销售顾问:"那就好,庄先生,这是我们上次交车时拍的照片,您可以留下作个纪念。同时,为了感谢您对公司的支持与爱护,这个是季节性的小礼物,希望您能够收下!"

客户:"谢谢,你们公司服务真是太好了,谢谢你!"

销售顾问:"哪里哪里,应该的!庄先生,您对迈腾的操作上还有什么不清楚、不明了的地方吗?"

客户:"没问题,操作上很好!"

销售顾问:"迈腾确实是一部好车,如果您有朋友要买车的话,请您帮我介绍一下,我一定会竭诚为他服务!请您多多帮忙!"

客户:"好的没问题,你们服务这么好,还上门送礼物,有朋友要买车一定给你介绍!"

销售顾问:"非常感谢庄先生!"看下手表,"那好,庄先生,您先忙,我就不打扰您了,有任何需要都直接和我联系!"起身握手告辞。

客户:庄先生客气送客,"好的,那慢走!"

销售顾问:销售顾问带好随身物品,欠身退出门外,面带微笑"庄先生,留步!再见!"轻关门后正步离去。

3) 进行模拟演练

演练过程中,其他成员结合演练脚本内容和演练人员的表现,根据表4-1的内容进行概括。

表 4-1 演练分析表

演练过程记录	
销售顾问在拜访客户的过程中不足的地方？	
销售顾问在拜访客户的过程中值得称赞的地方？	

2. 正式演练

1) 提出演练要求

(1) 6~8名同学为一组，选出组长，共六组；

(2) 老师编辑两个案例主题，每三组表演同一个主题；

(3) 以组为单位，抽选一个主题，组长带领各组员进行准备，共同编写剧本，要求体现拜访的礼仪规范及注意事项，可以正面表演，也可以反面表演，表现形式各异，但主题需明确；

(4) 各组全员参加，依次上台表演，老师点评并完成学习评估表，见表 4-2。

2) 正式演练

【案例背景】

(1) 电话预约一天后下午两点在蓝湾咖啡见面，洽谈汽车广告事宜。

(2) 政府公务车招标，网上电邮预约一周后上门洽谈汽车采购事宜。

同一主题的情景设定可以自由发挥，准备时间30分钟。

3. 学习评估

指导老师根据各组员的个人表现及其所在小组的团体表现，对其演练过程进行评估。评估标准如表 4-2 所示。

表 4-2 学习评估表

评估内容	满分	得分
1. 事先约定拜访时间	20	
2. 备妥资料及名片	10	
3. 注意仪容形象的修饰	20	
4. 遵守时间观念	20	
5. 谦恭有礼的谈话技巧	20	
6. 拜访其他注意事项	10	

任务2　学习并演练汽车商务馈赠礼仪

学习目标

1. 了解汽车商务馈赠的目的；
2. 掌握恰当的时机馈赠合适的礼品；
3. 熟知正确的馈赠方法及馈赠禁忌。

学习内容

1. 馈赠的原则与目的；
2. 馈赠的选择；
3. 馈赠的方法；
4. 馈赠的禁忌。

知识准备

中国人崇尚"礼尚往来"，现代人将礼品当作是社交的纽带之一，因此在商务活动中，往往要通过送礼来达到合作的目的或表达感谢。馈赠是商务社交活动的重要手段，是一种非语言的社交方式，馈赠礼载于物、以物表情，起到寄情言意之用，使商务交往活动锦上添花。那么作为一个企业，赠送商务礼品应遵循什么原则？应如何赠送商务礼品？赠送商务礼品应注意什么？

1. 赠送的目的

企业送商务礼的主要目的在于：拓展业务、经营以及增加利润，因此送商务礼品前要决定好送礼的档次，如图4-21所示。

1) 交际的需要

针对商务交往中的关键人物和部门，通过赠送一定礼品，可以促使交际的目的得以实现。此时的礼品要能反映送

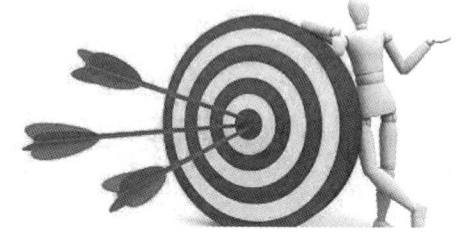

图4-21　目标

礼者的寓意和情感倾向，并能与送礼者的形象有机结合得到统一，让对方深刻记住送礼者，达成顺利交际的目的。

2) 巩固和维系人际关系的需要

在商务交往中，无论是个人还是组织机构，必然会产生各种关系和各类情感，围绕着如何巩固和维系人际关系及感情，人们采取了很多方法，其一就是馈赠。无论从礼品的种类、价值的轻重、档次的高低、包装的精美及蕴含的情义等方面都呈现多样性和复杂性，这些在商务交往中都有着举足轻重的作用。

3) 公关的需要

这种馈赠，表面上是不求回报，但实质上其索取的回报往往更深地隐藏在其后的交往中，是一种为达到某种目的而用礼品的形式进行的活动，多发生在对经济利益的追求或其他利益的追逐活动中。

4）酬谢的需要

在商务交往中，有时是为了答谢他人的帮助，因此在礼品的选择上既要考虑对方的喜好，又要考虑所给予帮助的大小，以达与酬谢的匹配。

2. 馈赠的原则

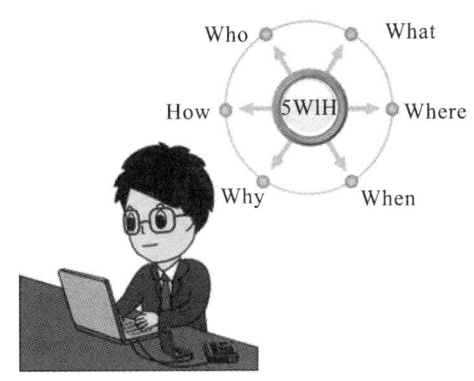

图4-22 馈赠原则

对于重要的客户、关系团体以及合作伙伴，企业馈赠的商务礼品必须遵循一定的原则，加深对企业自身服务和文化的理解以及对赠送对象的理解，这样才能达到商务礼品赠送的最高境界。因此，认真和研究掌握好馈赠原则，方能使馈赠活动得以顺利进行。我们把馈赠的原则简称为"5W1H原则"，如图4-22所示。

1）原则一："Who"，即馈赠的对象，赠给谁？

一般人们的经济状况不同、文化程度不同、追求不同，则对礼品的要求也必然有所不同。因此馈赠前要摸清赠礼对象的身份、性格、爱好和习惯及文化修养等，明确彼此的关系状况，了解受赠对象的需求，尊重对方的个人禁忌，根据具体情况，"投其所好"，选择合适的礼品。如某些国家民俗原则是送礼不送给配偶、女性。

2）原则二："What"，即馈赠的载体，送什么？

以礼品作为载体传情达意，选择礼品时首先应注重真情。我们提倡"君子之交淡若水"，提倡"礼轻情意重，除非是有特殊目的的馈赠，其他馈赠礼品的贵贱厚薄均以受赠者能够愉快接受为尺度。

其次应避免犯忌。由于民族、生活习惯、生活经历、宗教信仰以及性格、爱好的不同，不同的人对同一礼品的态度也不尽相同，有的喜欢有的讨厌有的还忌讳，因此应投其所好，避其禁忌。

3）原则三："Where"，即馈赠的地点，在哪送？

馈赠礼品要选择适当的场合。商务馈赠一般适合在办公场合或交往地点，以示公事公办。如初次在办公室或公开场合见面，在庄严的场合或大庭广众面前，在社交场合宜送不同的礼品。同一样东西在不同的地方赠送效果是不一样的。有的物品在一个国家受欢迎，在另一个国家可能不然，甚至受到厌恶和反对。

4）原则四："When"，即馈赠的时机，何时送？

就馈赠的时机而言，及时、适宜是最重要的。一般来说时间贵在及时，超前或者滞后都达不到馈赠的目的。中国人讲究登门有礼，因此在商务礼仪中应注重见面初将礼品送出，表示出对对方的尊重和重视。若为送客馈赠，则应把握两个时机，送本地客人则应在对方离行前馈赠；送外地客人则应在对方临行前至其下榻之所馈赠，以方便客人作好礼品处理之需。

一般商务交往中以下时机都是适合向对方赠送礼品的：传统节日是馈赠礼品的黄金时机，企业开业庆典或周年纪念日时，可以赠送花篮、牌匾或室内装饰等以示庆祝；在别人提供生意信息或商业机会时，应及时表示感谢；拜访公关时以示诚意。还可概括为道喜之时、道贺之时、道谢之时、鼓励之时、慰问之时、纪念之时等。

另外，这里所说的"时间"不仅包括具体的赠送礼品时间，还包括为了保持业务联系而需要定期赠送商务礼品的时间间隔。一般企业都会注意到节日、纪念日、活动以及其他适宜赠送商务礼品的时间，但在赠礼时间间隔上可能就忽视了或者不太讲究。事实上，重要的客户如果仅仅在每年以同一个理由和时间赠送礼品也许不够，那就需要企业对客户、礼品和环境进行进一步的分析，确定正确的赠礼时机。

5) 原则五:"Why",即馈赠的原因,为何送?

要明确赠礼的性质。一般商务馈赠应免去贪污受贿之嫌,主要有拓展业务、争取合作机会、增加双方合作友谊、体现企业文化、增进交流以及维护客户关系等效用。

6) 原则六:"How",即馈赠的方法,如何做?

有很多人有那个心,但却不知道怎么去做,最后反而好心干了坏事;钱没少花,事情却还不如不做。所以知道如何去做,也是个学问。

综上,选择礼品的基本原则可如下概述:

"礼轻意重,浸透心血;有的放矢,对人心思;雪中送炭,考虑实用;两情相悦,流露真情;尊重习俗,避其所讳;精选国礼,注重特色。"

3. 礼品的选择

馈赠之前,要对礼品进行认真的选择,针对不同的对象、不同的事由、不同的场所,因人因事因地施礼,区别对待,如图 4-23 所示。

1) 纪念性

有一句话叫做"君子之交淡如水",所以送礼不必很贵重,真金白银。不以价格取胜,以友情纪念为重,注重纪念性意义。

2) 独特性

要摒弃"千人一面、敷衍了事之感",做到"人无我有、独一无二"。商务馈赠,代表企业形象,不单纯是为了促销企业

图 4-23 礼品的选择

产品。若企业送出的商务礼品如果随便都能买到的,就难以体现企业对受礼者的独到关注。因此,在商务礼品的选择上,企业绝不能随便购买日常礼品来当作商务礼品,而应根据不同的客户特点量体裁衣,这样才能让受礼者感受到企业送出的商务礼品富有内涵,能与其他企业区分开来,体现差异化,从而给对方留下更深的印象。

3) 对象性

馈赠时要考虑到对方的性别、婚否、教养和嗜好等。就礼品本身价值而言,不同经济状况不同文化程度的人,对礼品的实用性追求也有所不同。一般而言,物质生活水平的高低,决定了人们精神追求的不同。在物质生活较为贫寒时,人们多倾向于选择实用性的礼品,反之则倾向于选择艺术欣赏价值高、趣味性较强和具有思想性、纪念性的物品作为礼品。因此,应视受礼者的具体对象性,有针对性地选择礼品。

4) 便携性

馈赠的礼品应能便于包装、携带,体积不宜过大,易碎的、沉重的礼品不宜赠送。

5) 时尚性

前几年流行电子宠物,一个好几百,现在不流行了,送你你喜欢么?肯定不喜欢了。以前春节送贺卡,现在呢?所以送的礼品不能太土,拿不出手。

6) 时效性

要选择未过季、过期合时令的礼品。

4. 馈赠的方法

选择好了赠送什么礼品,更重要的还要考虑礼品的包装和赠送的技巧,才能达到良好的馈赠目的。

1) 礼品的包装

无论是否有礼盒,都应用彩色包装纸包好,并用彩带扎好,系上美观的蝴蝶结。

包装时要注意:选择质量好的包装材料,包装纸的颜色、图案及包装形状和结法,并要尊重受礼人的文化背景、风俗习惯和禁忌。包装礼品前一定要将礼品的价格标签取下;易碎的礼品一定要装在硬质材料的盒子里。

漂亮的包装,可以表达送礼人的精心与诚意;可以使一件外形普通的礼品显得美观,具有艺术性,给人高雅脱俗的感觉;使礼品的价格保持一定的神秘性,更有利于人际间的交往。

如果礼物恰当,受礼人打开包装看到中意的礼品时,一定会喜出望外,加深受礼人对送礼人的好印象,起到增进感情的作用。

2) 赠送的技巧

送礼者一般应站着用双手将礼品递送到受礼者的手中,并说上一句得体的话语,该寒暄话语与送礼的目的应相吻合。如"区区薄礼不成敬意,请笑纳!""这是我特意为你挑选的,希望你能喜欢!"得体的寒暄可以表达送礼者的心意,还能让受礼者心安。

图4-24 何种技巧

因商务送礼独特的性质所限,受礼者不愿意接受礼品而婉言谢绝、言词拒绝或事后回礼,都会令送礼者尴尬。因此,商务送礼有着一定的技巧性,如下几种可供参考,如图4-24所示。

(1) 借花献佛。若送土特产,可说为老家亲人捎来的,目的是分一点给对方尝鲜。东西不多,又非花钱所买,且非特意买的。可以缓和受礼者担心目的性送礼而拒收的心态。

(2) 暗度陈仓。可以说是别人送自己的好东西,想和对方共享,并顺带赠送一点,可以不留痕迹地把礼送了,关系也拉近了。

(3) 借马引路。即为借助别人的力量达到送礼联谊的目的。比如对于想给不认识的人送礼,可以选择在对方的生日、升迁或其他重要日子时,邀上对方的几位好友同去送礼祝贺,则受礼者即不便拒收了。

(4) 曲折迂回。不便直接送礼的,可以由有一定关系的中间人进行间接送礼。比如,李某想与某公司王主任认识,想送点礼品,但又怕被拒绝而驳了面子。正好其妻子与王主任的妹妹很熟,于是李某采用了"夫人外交"策略,让夫人带着礼品去拜访,顺理成章,奇效立显。

(5) 借路搭桥。可在送礼时对受礼者说是出厂价、批发价或优惠价买的,象征性地向受礼者收一些费用。效果与送礼一样。受礼者因给了钱,收东西时就能心安理得了。

3) 赠送礼品的注意事项

(1) 会谈、会见、访问等活动,一般是在活动快结束前赠送礼品;

(2) 会谈、会见等活动中,一般由最高职务的人代表本方向对方人员赠送礼品;

(3) 赠送应从地位最高的人开始,逐级往下赠送;

(4) 同一级别的人员应先赠女士后赠男士、先赠年长再赠年少者;

(5) 赠送时应双手奉上,或以右手呈现,避免左手递出;

(6) 赠送礼品时往往需要说一些表示祝愿的话,表明赠送的目的;

(7) 有些国家或地区的人在受礼时有推辞的习惯,但不表示拒绝;

(8) 赠礼时应参照受赠国家或单位受礼的相关规定;

(9) 送礼人应避免将礼品藏匿于桌下、其他角落或当受礼人面自行打开包装等。

5. 馈赠的禁忌

由于不同受礼对象的个人因素或因文化背景、宗教信仰或职业道德等因素而产生不便馈赠的禁忌，施礼者应有所了解，做到"馈赠有所为，有所不为"，如图4-25所示。

1) "有所不为"

(1) 不送有碍社会公德规范的礼品，如具有诱导吸烟、醉酒的礼品不能送。

(2) 不送过分昂贵或过分廉价的礼品，如奢侈品或打折清仓的物品。

图4-25 禁忌

(3) 不送带有广告性质的礼品。

(4) 不送易被理解为批评性质的礼品。

(5) 不送触犯对方习俗或个人禁忌的礼品，如高血压患者不能吃高脂肪、高胆固醇的食品；糖尿病患者不能吃含糖量高的食品，若送私忌品给人，对方反而会认为不尊重他。

(6) 不送药品或补品。

(7) 不送易使异性产生误会的礼品。

(8) 不送对方无兴趣或无力照顾的礼品。

(9) 不送累赘珍品或浮华物品。

(10) 不送无用之品，如过时、没用的不要送给别人，不然只能证明你小瞧他人。

(11) 不送现金、信用卡和有价证券。

(12) 不送不合时尚、不利健康之物，有些会对人们的工作、学习、生活以及身体健康、家庭生活有害的物品，如烈酒、赌具或庸俗低级的书刊、音像制品等。

(13) 不送涉及国家机密之物。

(14) 不送其他有违国家法律、法规之物。

2) 各国送礼禁忌

(1) 中国——忌讳数字"4"，谐音"死"不吉利；忌讳白色，大悲或贫穷之色；忌讳黑色，凶灾、哀伤之色，不吉利；不送钟表给老人，"送钟"与"送终"谐音；不送梨给夫妻或情人，"梨"和"离"谐音；不送百合，意为死亡；不送女主人玫瑰，有献媚之嫌；不送剪刀利器，"一刀两断"不吉利；不送伞，与"散"谐音；不送健康人药品，不为异性朋友送贴身用品等。

(2) 日本——忌讳数字"4"和"9"；勿自行包装礼品，勿将扎带达成蝴蝶结状；礼品数忌单数；不送旧物品和酒；不送茉莉和梅花，"茉莉"与"没利"谐音，"梅"与"霉"谐音；不送偶数花束，特别不送十支花；不在办公室或会议室送礼；不送刀，有让人自杀之嫌；不送牛皮物品，牛被认为神圣的。

(3) 英国——初次见面不送礼，否则有贿赂之嫌。

小组演练

1. 模拟演练

1) 提出演练要求

(1) 各小组推选4名代表扮演客户，指导老师扮演销售顾问；

(2) 演练之前,由指导老师扮演客户带领全班同学进行脚本的朗读;
(3) 朗读完毕之后,小组代表利用15分钟的时间进行小组内部的演练和对脚本的分析;
(4) 演练过程中,其他同学认真听讲,并记录演练全过程;
(5) 演练完毕后,由指导老师带领全班成员对小组演练结果进行点评;
2) 模拟演练剧本
根据老师提供的脚本,排练10分钟。

【案例背景】
上海大众销售顾问张君刚与某公司谈成了一笔大单,一次性采购5台帕萨特,销售顾问乐滋滋地回家了。

【参考剧本】
1. 销售顾问家中
张君:嘿嘿嘿,机电公司的单子谈成啦!
老婆:啊,你真行!对了,有没有向人家表示感谢啊?这可是礼貌问题啊!张君:有有,我准备明天晚上,请他们公司的人吃饭!
老婆:哎呀,你呀,就知道吃饭、吃饭!
张君:那你说还能怎么样啊?
老婆:人家现在讲究职场礼仪,流行赠送礼物,表示感谢啊!这样一来呢,不仅能增加感情,说不定以后还有更多的合作机会呢!
张君:嗯,对,有道理!那你看该怎么个送法呀?
老婆:来来来,我帮你参谋参谋,他们都有哪些人啊?
张君:一个策划,挺精干的小伙;还有一个女秘书,挺漂亮;最后就是总经理了。
老婆:哇,那要准备三份礼物了,每人一份,一定要够档次。你上次买的那块手表呢?
张君:哎呀,那可是我从德国带回来的,那很贵的!
老婆:贵了才够档次嘛,送给那个策划,回头我们再去瑞士买。嗯,女人嘛,都爱美,回头把我那个高级胸针送给她!
张君:那,那个陈总呢?
老婆:把那套高尔夫球杆送给他,准没错。
张君:好,这次一定要搞定!

2. 客户单位
销售顾问张君在客户办公室外等候,首先王策划出来接待。
张君:啊,王先生,您好!关于这次合作,让您费心了!这是公司的一点小小心意!(递出手表)
策划:(大吃一惊)啊,这么贵重的礼物,这、这、这……
张君:您可是公司的精英分子,你就要配备这样的精英产品。
策划:张先生,您太过奖了!
张君:你就不要推辞了,希望我们以后多多合作!
策划:那我去请陈总他们,马上就来。

秘书:您好,张先生,我们的陈总……
张君:李小姐,请收下!(递上胸针)
秘书:这是、这是?
张君:李小姐,我觉得您昨天晚上吃饭时穿的那套衣服非常漂亮,可是呢,就差一个饰物,这个胸针,肯定会是……

秘书:我说你,你什么意思啊?不像话!(非常生气地扭头关门而去)

张君:哎,难道是嫌胸针不够档次,不会啊……

陈总:啊,张先生,让您久等了(陈总带着王策划、李助理一起出门)

张君:李总!

陈总:请!接下去地实施,我们……

张君:陈总啊,这是一套高尔夫球具,很高级的!您可以在工作劳累的时候去打个球,您的档次啊,打高尔夫太合适了!

陈总:呵呵,我们先说正事吧!

张君:这个,陈总,这个礼物是我特意为您准备的,而且,而且……

陈总:而且什么?

张君:而且还可以减肥!

陈总:哼,你这是存心的是吧!

张君:对不起,哎,不是,陈总……

陈总:小王、小李,我们先走了。

张总:啊,不不不,王先生……(看着王策划)

策划:不,不,不好意思啊!

张君:李小姐……

助理:哼……

张君:这是怎么了?

3) 进行模拟演练

演练过程中,其他成员结合演练脚本内容和演练人员的表现,根据表 4-3 的内容进行概括。

表 4-3 演练分析表

演练过程记录	
销售顾问在拜访客户的过程中不足的地方	
销售顾问馈赠的注意事项	

2. 正式演练

1) 提出演练要求

(1) 6~8 名同学为一组,选出组长,共六组;

(2) 老师编辑两个案例主题,每三组表演同一个主题;

(3) 以组为单位,抽选一个主题,组长带领各组员进行准备,共同编写剧本,要求体现拜访的礼

仪规范及注意事项,可以正面表演,也可以反面表演,表现形式各异,但主题需明确;

(4) 各组全员参加,依次上台表演,老师点评并完成学习评估表,见表4-4。

2) 正式演练

【案例背景】

(1) 公司庆典、会议和表彰大会的礼品选择。

(2) 重要培训、交流、总结会议的礼品选择。

(3) 汽车展销会、促销日礼品准备。

(4) 汽车销售公司销售顾问携带礼品拜访客户。

同一主题的情景设定可以自由发挥,准备时间30分钟。

3. 学习评估

指导老师根据各组员的个人表现及其所在小组的团体表现,对其演练过程进行评估。评估标准如表4-4所示。

表4-4 学习评估表

评估内容	满分	得分
1. 礼品的选择	20	
2. 礼品赠送的方法	20	
3. 礼品赠送的地点	10	
4. 馈赠时的说辞	20	
5. 馈赠禁忌的说明	20	
6. 馈赠其他注意事项	10	

学习情境 5　汽车商务活动礼仪

学习目标

1. 掌握几种常见的汽车商务活动的礼仪规范；
2. 熟悉汽车展会的礼仪技巧；
3. 掌握汽车类庆典活动礼仪的技巧和规范要求。

情境导入

某公司举行新项目开工剪彩仪式,请来了张市长和当地各界名流嘉宾参加,让他们坐在主席台上。仪式开始时,主持人宣布:"请张市长下台剪彩!"却见张市长端坐不动,主持人很奇怪,重复一遍:"请张市长下台剪彩!"张市长还是端坐没动,脸上还露出一丝恼怒。主持人又宣布一遍:"请张市长剪彩!"张市长才很不情愿地勉强起来去剪彩。请问在此次商务活动中,主持人在语言表达上有什么地方是失礼的吗?通过该情景的学习,你将学会在汽车类展览会上、庆典活动上的相关礼仪规范和要点。

任务1　学习并演练汽车会展礼仪

学习目标

1. 了解汽车会展的概念；
2. 熟悉汽车会展礼仪的规范及要点；
3. 熟悉汽车会展的礼仪及需要注意的问题。

学习内容

1. 会展的概念；
2. 展览会的特点；
3. 会展调研；
4. 展览会的组织礼仪；
5. 参加展览会的礼仪。

知识准备

1. 会展的概念

会展的概念主要包括三个方面：

1) 展览展销活动

展览展销活动是指各种各样的展览会、博览会、交易会。其中级别最高的是博览会。例如，2010年上海世界博览会(图5-1)，它是以国家名义来申办，每五年举办一次。

图5-1　2010年上海世博会中国馆

2) **各种类型的大型国内外会议**

专门会议，如达沃斯经济论坛、APEC会议(图5-2)、博鳌论坛等；二是企业会议，如对经销商的答谢会或订货会等。

3) **体育竞技运动、文化活动、大型节庆活动、民俗风情活动等**

例如，2008年北京奥运会(图5-3)，我们可以亲身感受到它对我们生活等很多方面的冲击力。

图 5-2 APEC 会议

图 5-3 2008 年北京奥运会开幕式

2. 展览会的特点

1) 综合性与集聚性

大型国际展览过程中涉及众多的相关部门与行业,除饭店业、餐饮业、交通业、游览点、文化娱乐场所外,还涉及间接为会展产品提供物质基础与便利条件的工农业、商业、建筑业、卫生、公安、科技、海关等部门。大型国际展览是人、信息、产品、资金在时间与空间上的集聚。

在这一特点中需要清楚三个方面的问题:时间的短暂性、激烈的竞争性和功能的辐射性。

(1) 时间的短暂性

时间的短暂性指的是展会现场的短暂性。现在国际最高水平的世界博览会,期限为半年;广交会为 15 天;一般的展会时间都较短,期限为 3~5 天。这一特点决定了营销方法和前期准备工作方面的不同特点。

(2) 激烈的竞争性

竞争性的主要体现在以下几个方面:

① 参展商品的竞争

专业展会中参展商品多属于同一类型,比如服装,可能会细分为男装、女装、内衣等,所以同类型商品、同城竞争愈加激烈。

② 企业间的竞争

由于参展商品属于同一类型,参展的企业也是属于同一类型的,因此,企业间也必然存在相互竞争。

③ 宣传服务竞争

宣传服务竞争体现在组织较多的宣传活动,还包括展台本身的搭建等。

④ 技术竞争

展览会里面有很多新技术的运用,企业间竞相引用非常技术。由于国际展览大多代表国家或者大型企业,此类竞争甚至包括国家之间、区域之间和地区之间的竞争。

(3) 功能的辐射性

展会本身一个最主要的特点就是功能辐射性非常大,很多城市进行会展名城、会展经济的建设和宣传。有很多城市,最漂亮的建筑物就是会展中心。

① 科学性

展览会的科学性是指以下两个方面:

a. 行业内最新技术、最新信息和发展前景的体现(表5-1)。

表5-1 世界各大车展

世界车展	描述
东京车展	体现的是发动机的最新技术,从事这一行业的企业,就必须要参加这个展览会,才能够了解这个行业的最新技术
巴黎车展	体现的是外观设计技术
柏林车展,即德国车展	体现的是整车技术
北京车展	以前形容北京车展的最大魅力是:所有展示汽车被销售一空。但是之后北京车展就有新的变化,出现了概念车,这些是最新科技以及时尚性的体现

b. 大型展览活动本身是较高科技水平的体现。

现在的展览会能很好地运用电子识别系统、网上登记、声、光、电等布展技术。例如,北京国展的门机系统——就是应用了德国西门子的门机系统。

② 时尚性

大型国际展览会具有展示和引领生活时尚的功能。例如,北京车展上出现的概念车;像蒸汽机、电动机、海底电缆、飞机、汽车、无线电通信、装配式建筑和可视电话等,都是从展览会上开始走向市场,为人们所接受的。

③ 前瞻性

a. 新产品展示。

展览会是新开发的产品被市场所接受、所认识的最佳途径和最好场所。

b. 相配套论坛。

由业内顶尖级的专家、学者通过论坛来展示行业的发展、最前沿的科学和最先进的技术。

④ 直观性与艺术性

虽然网络技术的发展兴起了网络展览,但根据会展强国德国的调研结果证明:实地展览会是不能被网络展览所取代的。因为实地展览会让人们眼见为实,讲究的是面对面的交流。

它体现在以下三个方面:

a. 观众可以直接触摸或操作展品,亲身感受产品的各种性能;

b. 商业客户进行直接谈判;

c. 展会的特装布置,提升冲击力。

特效率是评价展览会的一个重要指标,第 100 届广交会的特效率达到 50%。

⑤ 互动性与国际交流性

这种互动主要表现在以下四个方面:

a. 供求双方的互动,即参展商与专业买家之间的互动;

b. 同行之间的互动,即参展商之间、专业买家之间;

c. 组织者与参与者之间的互动;

d. 专业观众之间的互动。

总之,每个展会都有它的特点和魅力,比如:广州美容美发展的魅力,即通过组织各种各样的活动,增进客户和经销商之间的交流和沟通等。

3. 会展调研

1) 会展调查的过程(图 5－4)

首先,会展创意的提炼。可通过展览会名称、时间、地点、规模等信息来提炼;

其次,创意的检验。通过消费者的客观评价来不断优化。一般是通过专业的市场调研来进行,通过市场的反应来了解。

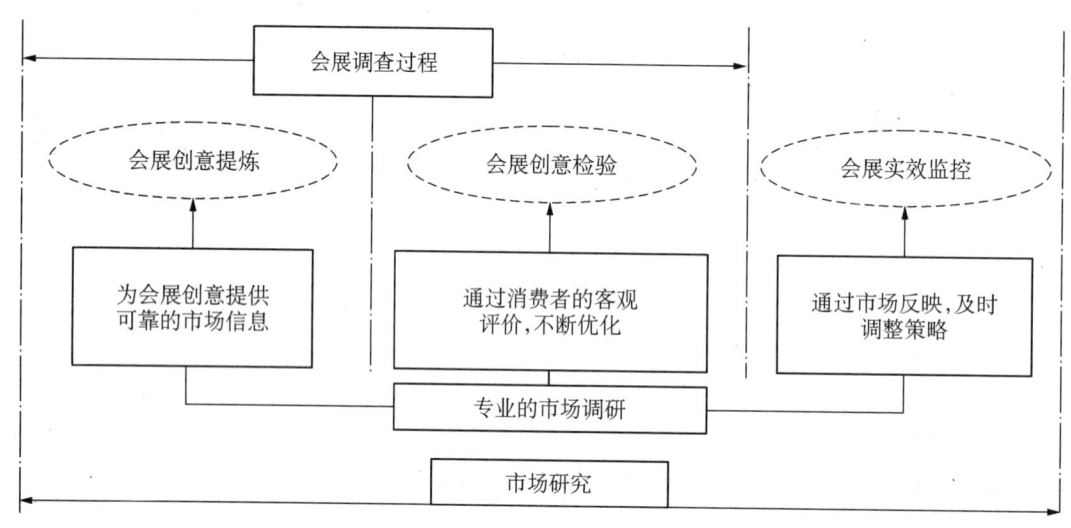

图 5－4 会展调查过程

2) 会展调研的细分

会展调研细分为定量研究和定性研究。

(1) 定性研究是为了深层了解参展的态度/动机,讲究的是"为什么"。

(2) 定性研究需要思考的问题:

为什么选择××品牌展览?

××品牌展览的价格和售后服务怎么样,为什么?

××品牌展览怎么样,为什么?

心目中理想品牌展览是什么,为什么?

下一次会选择什么样的展览会,为什么?

(3) 定性和定量研究的运用是互补的。

例如,有两个展览会,展览会 A 的规模是 8 万平方米,B 是 2 万平方米,那么喜欢 A 和喜欢 B 的分别是多少,定量研究具体人数,定性讲究原因。定量方式和定性方式也存在交叉,有一些其他方式,如网络方式等。

(4) 定量和定性研究的常用方式

定量研究有电话调查、定点拦截、网上调查、邮寄,如进行入户访问曝后率的调查。定量研究的方法还有神秘顾客,此类方法在麦当劳、肯德基运用较多,展览会中运用较多的是人流量监测,即监测人在某一时间段记录有多少专业买家进入展览会;还有日记账法等。

定性研究有小组座谈、深访、二手资料法、文献法。

(5) 市场研究在参展运作中的应用领域是调研

例如,参展整体的策划、参展定位、方案实施和效果评估。参展营销中,行业评估是必备的一个市场信息,如行业的市场发展状况、品牌评估、产品价格、渠道、促销推广的特征、消费的特征、竞争对手的状况等。

4. 展览会的组织礼仪

一般的展览会,既可以由参展单位自行组织,也可以由社会上的专门机构策划。不论组织者由谁来担任,都必须认真作好具体的工作,力求使展览会取得完美的效果。

根据惯例,展览会的组织者需要重点进行的具体工作,主要包括参展单位的确定、展览内容的宣传、展示位置的分配、安全保卫的事项、辅助服务的项目等。

1) 参展单位的确定

一旦决定举办展览会,由什么单位来参加的问题,通常都是非常之重要的。在具体考虑参展单位的时候,必须注意两厢情愿,不得勉强。按照商务礼仪的要求,主办单位事先应以适当的方式,对拟参展的单位发出正式的邀请或召集。

邀请或召集参展单位的主要方式为:刊登广告,寄发邀请函,召开新闻发布会,等等。不管是采用其中作何一种方式,均须同时将展览会的宗旨、展出的主要题目、参展单位的范围与条件、举办展览会的时间与地点、报名参展的具体时间与地点、咨询有关问题的联络方法、主办单位拟提供的辅助服务项目、参展单位所应负担的基本费用,等等,一并如实地告之参展单位,以便对方据此加以定夺。

对于报名参展的单位,主办单位应根据展览会的主题与具体条件进行必要的审核。切勿良莠不分,来之不拒。

当参展单位的正式名单确定之后,主办单位应及时地以专函进行通知,令被批准的参展单位尽早有所准备。

2) 展览内容的宣传

为了引起社会各界对展览会的重视,并且尽量地扩大其影响,主办单位有必要对其进行大力宣传。宣传的重点,应当是展览的内容,即展览会的展示陈列之物。因为只有它,才能真正地吸引各界人士的注意和兴趣。

对展览会,尤其是对展览内容所进行的宣传,主要可以采用下述几种方式:其一,举办新闻发布会;其二,邀请新闻界人士到场进行参观采访;其三,发表有关展览会的新闻稿;其四,公开刊发广告;其五,张贴有关展览会的宣传画;其六,在展览会现场散发宣传性材料和纪念品;其七,在举办地悬挂彩旗、彩带或横幅;其八,利用升空的彩色气球和飞艇进行宣传。以上八种方式,可以只择其一,亦可多种同时并用。在具体进行选择时,一定要量力行事,并且要严守法纪,注意安全。

为了搞好宣传工作,在举办大型展览会时,主办单位应专门成立对外进行宣传的组织机构。其正式名称,可以叫新闻组,也可以叫宣传办公室。

3) 展示位置的分配

对展览会的组织者来讲,展览现场的规划与布置,通常是其重要职责之一。在布置展览现场时,基本的要求是:展示陈列的各种展品要围绕既定的主题,进行互为衬托的合理组合与搭配。要在整体上显得井然有序、浑然一体。

顺理成章的是,所有参展单位都希望自己能够在展览会上拥有理想的位置。展品在展览会上进行展示陈列的具体位置,称之展位。大凡理想的展位,除了收费合理之外,应当面积适当,客流较多,处于展览会上的较为醒目之处,设施齐备,采光、水电的供给良好。

在一般情况下,展览会的组织者要想尽一切办法充分满足参展单位关于展位的合理要求(图5-5,图5-6)。如果参展单位较多,并且对于较为理想的展位竞争较为激烈的话,则展览会的组织者可依照展览会的惯例,采用下列方法之一对展位进行合理的分配。

图5-5 汽车展览会现场布置图

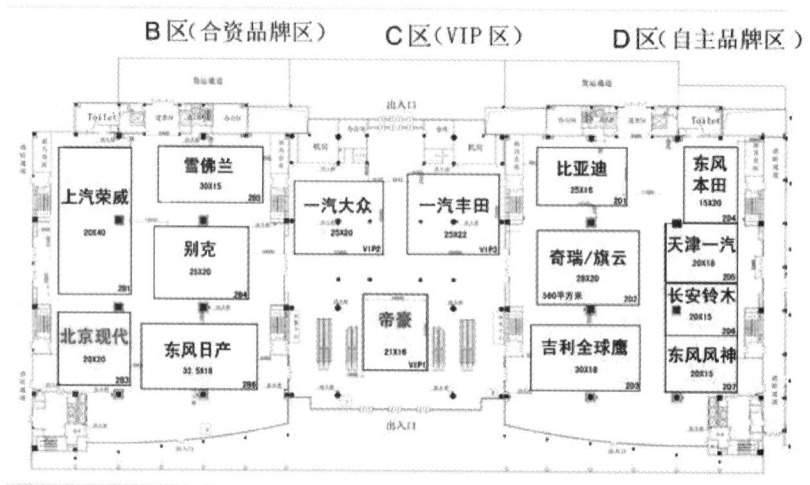

图5-6 2011齐鲁秋季车展济南国际会展中心一层图

方法一:对展位进行竞拍。由组织者根据展位的不同,而制定的不同的收费标准,然后组织一场拍卖会,由参展者在会上自由进行角逐,由出价高者拥有自己钟意的展位。

方法二:对展位进行投标。即由参展单位依照组织者所公告的招标标准和具体条件,自行报价,并据此填具标单,而由组织者按照"就高不就低"的常规,将展位分配给报价高者。

方法三:对展位进行抽签。即将展位编号,然后将号码写在纸签之上,而由参展单位的代表在公证人员的监督之下每人各取一个,以此来确定其各自的具体展位。

方法四:按"先来后到"分配。即以参展单位正式报告的先后为序,谁先报名,谁便有权优先选择自己所看中的展位。

4) 安全保卫的事项

无论展览会举办地的社会治安环境如何,组织者对于有关的安全保卫事项均应认真对待。在举办展览会前,必须依法履行常规的报批手续。此外,组织者还须主动将展览会的举办详情向当地公安部门进行通报,求得其理解、支持与配合。举办规模较大的展览会时,最好从合法的保卫公司聘请一定数量的保安人员,将展览会的保安工作全权交予对方负责。为了预防天灾人祸等不测事件的发生,应向声誉良好的保险公司进行数额合理的投保。以便利用社会的力量为自己分忧。在展览会入口处或展览会的门券上,应将参观的具体注意事项正式成文列出,使观众心中有数,以减少纠葛。展览会组织单位的工作人员,均应自觉树立良好的防损、防盗、防火、防水等安全意识,为展览会的平安进行竭尽一己之力。按照常规,有关安全保卫的事项,必要时最好由有关各方正式签订合约或协议,并且经过公证。

5) 辅助的服务项目

主办单位作为展览会的组织者,有义务为参展单位提供一切必要的辅助性服务项目。否则,不仅会影响自己的声誉,而且还会授人以柄。由展览会的组织者为参展单位提供的各项辅助性服务项目,最好有言在先,并且对有关费用的支付进行详尽的说明。具体而言,为参展单位所提供的辅助性服务项目,通常主要包括下述各项:其一,展品的运输与安装;其二,车、船、机票的订购;其三,与海关、商检、防疫部门的协调;其四,跨国参展时有关证件、证明的办理;其五,电话、传真、电脑、复印机等现代化的通讯联络设备;其六,举行洽谈会、发布会等商务会议或休息之时所使用的适当场所;其七,餐饮以及有关展览时使用的零配件的提供;其八,供参展单位选用的礼仪、讲解、推销人员等。展览会的组织者为参展单位提供的各项辅助性服务项目,最好有言在先,并且对有关费用支付进行详尽的说明。

5. 参加展览会的礼仪

1) 维护整体形象

在参与展览时,参展单位的整体形象直接映入观众的眼里,因而对自己参展的成败影响极大。参展单位的整体形象,主要由展示之物的形象与工作人员的形象两个部分所构成。对于二者要给予同等的重视,不可偏废其一。

(1) 展示之物的形象,主要由展品的外观、展品的质量、展品的陈列、展位的布置、发放的资料等构成。用以进行展览的展品,外观上要力求完美无缺,质量上要优中选秀,陈列上要既整齐美观又讲究主次,布置上要兼顾主题的突出与观众的注意力,而用以在展览会上向观众直接散发的有关资料,则要印刷精美、图文并茂、资讯丰富,并且注有参展单位的主要联络方法,如公关部门与销售部门的电话、电报、电传、传真以及电子邮箱的号码,等等。

(2) 工作人员的形象,则主要是指在展览会上直接代表参展单位露面的人员的穿着打扮问题。在一般情况下,要求在展位上工作的人员应当统一着装。最佳的选择是身穿本单位的制服,或者是穿深色的西装、套裙。在大型的展览会上,参展单位若安排专人迎送宾客时,则最好身穿色彩鲜艳的单色旗袍,并胸披写有参展单位或其主打展品名称的大红色绶带。为了说明各自的身份,全体工作人员皆应在左胸佩戴标明本人单位、职务、姓名的胸卡,惟有礼仪小姐可以例外。按照惯例,工作人员不应佩戴首饰,但男士应当剃须,女士则最好化淡妆。

2) 注意礼貌待人

在展览会上,无论是宣传型展览会还是销售型展览会,参展单位的工作人员都必须真正地意识到观众是自己的上帝,为其热情而竭诚地服务则是自己的天职。为此,全体工作人员都要将礼貌待人放在心坎上,并且落实在行动上。展览一旦正式开始,全体参展单位的工作人员即应各就各位,站立迎宾。不允许迟到、早退、无故脱岗、东游西逛,更不允许在观众到来之时坐、卧不起,怠慢对方。当观众走近自己的展位时,不管对方是否向自己打招呼,工作人员都要面含微笑,主动地向对方说:"你好!欢迎光临!"随后,还应面向对方,稍许欠身,伸出右手,掌心向上,指尖直接展台,并告知对方:"请您参观"。当观众在本单位的展位上进行参观时,工作人员可随行于其后,以备对方向自己进行咨询;也可以请其自便,不加干扰。假如观众较多,尤其是在接待组团而来的观众时,工作人员亦可在左前方引导对方进行参观。对于观众所提出的问题,工作人员要认真作出回答。不允许置之不理,或以不礼貌的言行对待对方。当观众离去时,工作人员应当真诚地向对方欠身施礼,并道以"谢谢光临",或是"再见!"在任何情况下,工作人员均不得对观众恶语相加,或讥讽嘲弄。对于极个别不守展览会规则而乱摸乱动、乱拿展品的观众,仍须以礼相劝,必要时可请保安人员协助,但不许可对对方擅自动粗,进行打骂、扣留或者非法搜身。

3) 善于运用解说技巧

解说技巧,此处主要是指参展单位的工作人员在向观众介绍或说明展品时,所应当掌握的基本方法和技能。具体而论,在宣传性展览会与销售性展览会上,其解说技巧既有共性可循,又有各自的不同之处。在宣传性展览会与销售性展览会上,解说技巧的共性在于:要善于因人而宜,使解说具有针对性。与此同时,要突出自己展品的特色。在实事求是的前提下,要注意对其扬长避短,强调"人无我有"之处。在必要时,还可邀请观众亲自动手操作,或由工作人员对其进行现场示范。此外,还可安排观众观看与展品相关的影视片,并向其提供说明材料与单位名片。通常,说明材料与单位名片应常备于展台之上,由观众自取。进而言之,宣传型展览会与销售型展览会的解说技巧,又有一些不同之处。在宣传型展览会上,解说的重点应当放在推广参展单位的形象之上。要善于使解说围绕着参展单位与公众的双向沟通而进行,时时刻刻都应大力宣传本单位的成就和理念,以便使公众对参展单位给予认可。

而在销售型展览会上,解说的重点则必须放在主要展品的介绍与推销之上。按照国外的常规说法,解说时一定要注意"FABE"并重,其中,"F"指展品特征,"A"指展品优点,"B"指客户利益,"E"则指可资证据。要求工作人员在销售性展览会上向观众进行解说之时,注意"FABE"并重,就是要求其解说应当以客户利益为重,要在提供有利证据的前提之下,着重强调自己所介绍、推销的展品的主要特征与主要优点,以争取使客户觉得言之有理,乐于接受。不过,争抢、尾随观众兜售展品,弄虚作假,或是强行向观众推介展品,则不可取(图5-7、图5-8)。

图5-7 车展上销售人员正在为顾客介绍车辆

图5-8 销售人员用"FABE"法则介绍车辆的特征和卖点

小组演练

1. 提出演练要求

(1) 演练之前,教师简要介绍本任务的活动场景及任务实训内容。

(2) 教师讲解展览会礼仪和需要注意的问题。
(3) 根据模拟活动场景分组,把全班同学分成5人一组。
(4) 教师确定模拟活动情景角色:
- 销售经理范先生;
- 参加展览会随行人员A;
- 参加展览会随行人员B;
- 展览会主办人员;
- 展会参展人员。

(5) 全组讨论展览会礼仪及应该注意的问题。
(6) 模拟展览会礼仪训练:
- 抽签排序,一组一组进行;
- 一组模拟时,其他组观察并指出问题。

(7) 教师考核。

2. 进行演练

【场景描述】

××公司应邀参加××产品展览会。张先生是公司销售部经理,受领导委托组织参加本次展览会相关事宜。张先生应该如何组织本次展览会?应该注意哪些展览会的礼仪?

演练完毕后,请根据自身演练过程完成表5-2中的内容。

表5-2 演练分析表

演练过程记录	
实训体会(收获和不足)	

3. 学习评估

指导老师根据各组员的个人表现及其所在小组的团体表现,对其演练过程进行评估。评估标准如表5-3所示。

表5-3 学习评估表

评价项目与内容		满分	得分
准备工作	角色定位及时,模拟出场迅速	5	
	实训过程全组协调良好	5	
基本知识掌握	熟悉汽车会展礼仪及应注意的问题	10	
展览会礼仪	参展单位选择恰当	5	
	展览内容宣传得当	5	
	展览会时间地点选择恰当	5	
	展示位置分配合理	5	
	安全保卫事项全面	5	
	辅助服务项目全面	5	

续表

	评价项目与内容	满分	得分
	展会布置形象佳	5	
	参展人员热情礼貌	5	
	参展人员解说技巧娴熟	5	
	语言表达流利	5	
观摩讨论	观摩认真	5	
	讨论积极	5	
实训报告	按规定时间上交	5	
	字迹清楚、填写规范、内容详尽完整	5	
	实训分析总结正确	5	
	能提出合理化建议和创新见解	5	

任务2 学习并演练汽车类庆典活动礼仪

学习目标

1. 掌握组织庆典的礼仪规范；
2. 掌握参加庆典的礼仪规范。

学习内容

1. 庆典的概念与种类；
2. 组织庆典与参加庆典礼仪规范；
3. 出席庆典的礼仪规范。

知识准备

1. 庆典的概念和种类

庆典，是各种庆祝礼仪式的统称。在商务活动中，商务人员参加庆祝仪式的机会是很多的，既有可能奉命为本企业组织一次庆祝仪式，也有可能应邀去出席外企业的某一次庆祝仪式。

就内容而论，在商界所举行的庆祝仪式大致可以分为四类：

1) 本企业成立周年庆典

通常，周年庆典都是逢五、逢十进行的。即在本企业成立五周年、十周年以及它们的倍数时进行（图5-9）。

图5-9 北京现代成立十周年庆典活动

2) 本企业荣获某项荣誉的庆典

当企业本身荣获了某项荣誉称号、企业的"拳头产品"在国内外重大展评中获奖之后，这类庆典基本上均会举行（图5-10）。

图 5-10 上海大众汽车有限公司生产的"polo"荣获"中国年度车型荣耀十年传奇之誉"

3) 本企业取得重大业绩的庆典

例如,千日无生产事故、生产某种产品的数量突破 10 万台、经销某种商品的售额达到 1 亿元,等等,这些来之不易的成绩,往往都是要庆祝的(图 5-11)。

图 5-11 路虎中国 2012—2013 年度最佳经销商颁奖庆典

4) 本企业取得显著发展的庆典

当本企业建立集团、确定新的合作伙伴、兼并其他企业、分公司或连锁店不断发展时,自然都值得庆祝一番(图 5-12)。

图 5-12 一汽集团与马自达合作十周年庆典

2. 庆典的礼仪规范

对商界人士来讲,组织庆典与参加庆典时,往往会各有多方面的不同要求。庆典的礼仪,即有关庆典的礼仪规范,就是由组织庆典的礼仪与参加庆典的礼仪等两项基本内容所组成的。以下,对其分别予以介绍。

1) 组织庆典的礼仪规范

组织筹备一次庆典,如同进行生产和销售一样,先要对它作出一个总体的计划。商务人员如果受命完成这一任务,需要记住两大要点:其一,要体现出庆典的特色;其二,要安排好庆典的具体内容。

毋庸多言,庆典既然是庆祝活动的一种形式,那么它就应当以庆祝为中心,把每一项具体活动都尽可能组织得热烈、欢快而隆重。不论是举行庆典的具体场合、庆典进行过程中的某个具体场面,还是全体出席者的情绪、表现,都要体现出红火、热闹、欢愉、喜悦的气氛。惟独如此,庆典的宗旨——塑造本企业的形象,显示本企业的实力,扩大本企业的影响,才能够真正地得以贯彻落实。庆典所具有的热烈、欢快、隆重的特色,应当在其具体内容的安排上,得到全面的体现。

(1) 确定名单

首先,应当精心确定好庆典的出席人员名单。庆典的出席者不应当滥竽充数,或是让对方勉为其难。确定庆典出席者名单时,始终应当以庆典的宗旨为指导思想,一般来说,庆典的出席者通常应包括如下人士:

① 上级领导

地方党政领导、上级主管部门的领导,大都对企业的发展给予过关心、指导。邀请他们参加,主要是为了表示感激之心。

② 社会名流

根据公共关系学中的"名人效应"原理,社会各界的名人对于公众最有吸引力,能够请到他们,将有助于更好地提高本企业的知名度。

③ 大众传媒

在现代社会中,报纸、杂志、电视、广播等大众媒介,被称为仅次于立法、行政、司法三权的社会"第四权力"。邀请它们,并主动与它们合作,将有助于通过媒介公正地介绍本企业的成就,进而有助于加深社会对本企业的了解和认同。

④ 合作伙伴

在商务活动中,合作伙伴经常是彼此同呼吸、共命运的。请他们来与自己一起分享成功的喜悦,是完全应该的,而且也是绝对必要的。

⑤ 社区关系

社区关系是指那些与本企业共居于同一区域、对本企业具有种种制约作用的社会实体。例如,本企业周围的居民委员会、街道办事处、医院、学校、幼儿园、养老院、商店以及其他单位,等等。请他们参加本企业的庆典,会使对方进一步了解本企业、尊重本企业、支持本企业,或是给予本企业更多的方便。

⑥ 企业员工

员工是本企业的主人,本企业每一项成就的取得,都离不开他们的兢兢业业和努力奋斗。所以在组织庆典时,是不容许将他们完全"置之度外"的。

以上人员的具体名单一旦确定,就应尽量发出邀请或通知。鉴于庆典的出席人员甚多,牵涉面极广,故不到万不得已,均不许将庆典取消、改期或延期。

2) 布置现场

举行庆祝仪式的现场,是庆典活动的中心地点。对它的安排、布置是否恰如其分,往往会直接地关系到庆典留给全体出席者的印象的好坏。依据仪式礼仪的有关规范,商务人员在布置举行庆典的现场时,需要通盘思考的主要问题有:

(1) 地点的选择

在选择具体地点时,应结合庆典的规模、影响力以及本企业的实际情况来决定,如本企业的礼堂、会议厅,本企业内部或门前的广场,以及外借的大厅等。不过在室外举行庆典时,切勿因地点选择不慎,从而制造噪声、妨碍交通或治安、顾此而失彼(图5-13)。

图5-13 室外庆典举行场地示例

图5-14 庆典活动场地布置美化示例

(2) 环境的美化

在反对铺张浪费的同时,应当量力而行,着力美化庆典举行现场的环境。为了烘托出热烈、隆重、喜庆的气氛,可在现场张灯结彩,悬挂彩灯、彩带,张贴一些宣传标语,并且张挂标明庆典具体内容的大型横幅。如果有能力,还可以请由本企业员工组成的乐队、锣鼓队届时演奏音乐或敲锣打鼓,热闹热闹。但是这类活动应适度,不要热闹过了头,成为胡闹,或者"喧宾夺主"。千万不要请少先队员来扮演这类角色,不要让孩子们为这类与他们无关之事而影响其学业(图5-14)。

(3) 场地的大小

在选择举行庆祝仪式的现场时,应当牢记并非愈大愈好。从理论上说,现场的大小应与出席者人数的多少成正比。也就是说场地的大小,应同出席者人数的多少相适应。人多地方小,拥挤不堪。会使人心烦意乱。人少地方大,则会让来宾对本企业产生"门前冷落车马稀"的感觉。

(4) 音响的准备

在举行庆典之前,务必要把音响准备好。尤其是供来宾们讲话时使用的麦克风和传声设备,在关键时刻,绝不允许临阵"罢工",让主持人手忙脚乱、大出洋相。在庆典举行前后,摆放一些喜庆、欢快的乐曲,只要不抢占"主角"的位置,通常是可以的。但是对于播放的乐曲,应先期进行审查。切勿届时让工作人员自由选择,随意播放背离庆典主题的乐曲,甚至是那些凄惨、哀怨、让人心酸和伤心落泪的乐曲,或是那些不够庄重的诙谐曲和爱情歌曲。

3) 拟定程序

最后,应当精心拟定好庆典的具体程序。一次庆典举行的成功与否,与其具体的程序不无关系。仪式礼仪规定,拟定庆典的程序时,有两条原则必须坚持:第一,时间宜短不宜长。大体上讲,应以1小时为极限。这既为了确保其效果良好,也是为了尊重全体出席者,尤其是为了尊重来宾。第二,程序宜少不宜多。程序过多,不仅会加长时间,而且还会分散出席者的注意力,并给人以庆典内容过于凌乱之感。总之,不要使庆典成为内容杂乱无章的"马拉松"。按照常规,一次庆典大致上应该包括以下几项程序:

(1) 请来宾就座,出席者安静,介绍佳宾。

(2) 宣布庆典正式开始,全体起立,奏国歌,唱本企业之歌。

(3) 本企业主要负责人致辞。其内容是,对来宾表示感谢,介绍此次庆典的缘由,等等,其重点应是报捷以及庆典的可"庆"之处。

(4) 邀请嘉宾讲话,大体上讲,出席此次的上级主要领导、协作企业及社区关系企业,均应有代表讲话或致贺辞。不过应当提前约定好,不要当场当众推来推去。对外来的贺电、贺信等,可不必一一宣读,但对其署名企业或个人应当公布。在进行公布时,可依照其"先来后到"为序,或是按照其具体名称的汉字笔画的多少进行排列。

(5) 安排文艺演出。这项程序可有可无,如果准备安排,应当慎选内容,注意不要有悖于庆典的主旨。

(6) 邀请来宾进行参观(图5-15)。如有可能,可安排来宾参观本企业的有关展览或车间等。当然,此项程序有时亦可省略。

在以上几项程序中,前三项必不可少,后三项则可以酌情省去。

参加庆典时,不论是主办企业的人员还是外企业的人员,均应注意自己临场之际的举止表现。其中,主办企业人员的表现尤其为重要。

图5-15 企业领导与来宾一同参观展览

4) 接待来宾

在庆典活动中,应该精心安排好来宾的接待工作。与一般的商务交往中来宾的接待相比,对出席庆祝仪式的来宾的接待,更应突出礼仪性的特点。不但应当热心细致地照顾好全体来宾,而且还应当通过主方的接待工作,使来宾感受到主人真挚的尊重与敬意,并且想方设法使每位来宾都能心情舒畅。

为确保来宾工作有条不紊地进行,最好的方法是庆典一经决定举行,即成立对此全权负责的筹备组。筹备组成员通常应当由各方面的有关人士组成,应根据具体的需要,下设若干专项小组,在公关、礼宾、财务、会务等各方面"分兵把守",各管一段。其中负责礼宾工作的接待小组,大都不可缺少。

庆典的接待小组,原则上应由年轻、精干、身材与形象较好、口头表达能力和应变能力较强的男女青年组成(图5-16)。

图5-16 礼仪小姐准备接待来宾

接待小组成员的具体工作有以下几项：其一，来宾的迎送，即在举行庆祝仪式的现场迎接或送别来宾；其二，来宾的引导，即由专人负责为来宾带路，将其送到既定的地点；其三，来宾的陪同，对于某些年事已高或非常重要的来宾，应安排专人陪同始终，以便关心与照顾；其四，来宾的招待。即指派专人为来宾送饮料、上点心以及提供其他方面的关照。

3. 出席庆典的礼仪规范

参加庆典时，不论是主办企业还是外企业，均应注意自己的举止表现。其中，主办企业人员的表现尤为重要。在举行庆祝仪式之前，主办企业应对本企业的全体员工进行必要的礼仪教育。对于本企业出席庆典的人员，规定相关的注意事项，并要求大家务必严格遵守。主办方的出席人员，假如在庆典活动中精神风貌不佳，穿着打扮散漫，举止行为失当，很容易对本企业的形象造成负面影响。

按照仪式礼仪的规范，作为东道主的商界人士在出席庆典时，应当严格注意的问题涉及到以下六点：

1) 仪容要整洁

所有出席本企业庆典的人员，事先都要洗澡、理发，男士还应刮光胡须。无论如何，届时都不允许本企业的人员蓬头垢面、胡子拉碴、浑身臭汗，有意无意去给本企业的形象"抹黑"。

2) 服饰要规范

有统一式样制服的企业，应要求以制服作为本企业人士的庆典着装。无制服的企业，应规定届时出席庆典的本企业人员必须穿着礼仪性服装。即男士应穿深色的中山装套装，或穿深色西装套装，配白衬衫、素色领导、黑色皮鞋。女士应穿深色西装套裙，配长统肉色丝袜、黑色高跟鞋，或者穿深色的套裤，或是穿花色素雅的连衣裙。绝不允许在服饰方面任其自然、自由放任，把一场庄严隆重的庆典，搞得像一场万紫千红的时装或休闲装的"博览会"。倘若有可能，将本企业出席者的服饰统一起来，则是最好的。

3) 时间要遵守

遵守时间，是基本的商务礼仪之一。对本企业庆典的出席者而言，更不得小看这一问题。上到本企业的最高负责人，下到级别最低的员工，都不得姗姗来迟，无故缺席或中途退场。如果庆典的起止时间已有规定，则应当准时开始，准时结束。要向社会证明本企业言而有信，此其时也。

4) 表情要庄重

在庆典举行期间，不允许嘻皮笑脸、嘻嘻哈哈，或是愁眉苦脸、一脸晦气、唉声叹气，否则会使来宾产生很不好的想法。在举行庆典的整个过程中，都要表情庄重、全神贯注、聚精会神。假若庆典之中安排了升国旗、奏国歌、唱"厂歌"的程序，一定要依礼行事：起立，脱帽，立正，面向国旗或主席台行注目礼，并且认认真真、表情庄严肃穆地和大家一起唱国歌、唱"厂歌"。此刻，不许可不起立、不脱帽、东张西望、不唱或乱唱国歌与"厂歌"。在起立或坐下时，把座椅搞得乱响，一边脱帽一边梳头，或是在此期间走动和找人交头接耳，都应被视为危害本企业形象的极其严重的事件。

5) 态度要友好

态度要友好主要是对来宾态度要友好。遇到来宾，要主动热情地问好。对来宾提出的问题，都要立即予以友善的答复。不要围观来宾、指点来宾，或是对来宾持有敌意。当来宾在庆典上发表贺辞时，或是随后进行参观时，要主动鼓掌表示欢迎或感谢。在鼓掌时，不要在对象上"挑三拣四"，不要"欺生"或是"杀熟"。即使个别来宾，在庆典中表现得对主人不甚友善，也不应当场"仗势欺人"，或是非要跟对方"讨一个说法"不成。不论来宾在台上台下说了什么话,主方人员都应当保持克制,不要吹口哨、"鼓倒掌"、敲打桌椅、胡乱起哄。不允许打断来宾的讲话,向其提出挑衅性质疑,与其进行大辩论,或是对其进行人身攻击。

6) 行为要自律

既然参加了本企业的庆典,主方人员就有义务以自己的实际行动,来确保它的顺利与成功。至少,大家也不应当因为自己的举止失当,而使来宾对庆典作出不好的评价。在出席庆典时,主方人员在举止行为方面应当注意的问题有:不要:"想来就来,想走就走",或是在庆典举行期间到处乱走、乱转。不要与周围的人说"悄悄话"、开玩笑,或是朝自己的"邻居"甚至主席台上的人挤眉弄眼、做出怪样子。不要有意无意地作出对庆典毫无兴趣的姿态,如看报纸、读小说、听音乐、打扑克、作游戏、打瞌睡、织毛衣等。不要让人觉得自己心不在焉,比方说,寻呼机"一鸣惊人",探头探脑,东张西望,一再看手表,或是向别人打听时间。

小组演练

1. 模拟演练

提出演练要求:

(1) 教师介绍本次实训的内容和模拟实训情景。
(2) 教师示范讲解庆典活动的礼仪急需要注意的问题。
(3) 根据模拟活动情景分组,把全班同学分成6人一组。
(4) 确定模拟活动情景角色:
- 公关部经理王先生;
- 庆典筹备组成员甲;
- 庆典筹备组成员乙;
- 本企业致辞领导;
- 外企业致辞嘉宾;
- 外企业来宾。

(5) 全组讨论参加庆典活动的正确礼仪及应该注意的问题。
(6) 模拟组织和参加庆典活动训练:
- 抽签排序,每组依次进行;
- 一组模拟时,其他组观摩并指出问题。

(7) 教师考核。
(8) 师生点评。

2. 进行演练

【场景描述】

××公司是一家知名的服饰公司,为庆祝公司成立十周年,准备举行十周年庆典活动。王先生是公司的公关部经理,授命组织此次庆典活动。他该如何组织和策划此次庆典活动?在组织和实施庆典活动中应该注意什么问题?

演练完毕后,请根据自身演练过程完成表5-4中的内容。

表 5-4 演练分析表

演练过程记录	
在此次模拟演练中你充当的角色是什么？	
实训体会（收获和不足）	

3. 学习评估

指导老师根据各组员的个人表现及其所在小组的团体表现，对其演练过程进行评估。评估标准如表 5-5 所示。

表 5-5 学习评估表

	评价项目与内容	满分	得分
准备工作	角色定位及时，模拟出场迅速	5	
	实训过程全组协调良好	5	
基本知识掌握	熟悉庆典礼仪及应注意的问题	10	
神态、举止	声音大小适中	5	
	热情展示	5	
	面带微笑	5	
	服装得体	5	
	语言表达流利	5	
庆典活动	名单确定合理	5	
	现场布置恰当	5	
	活动程序规范	5	
	来宾接待得当	5	
	参加庆典活动举止得体	5	
观摩讨论	观摩认真	5	
	讨论积极	5	
实训报告	按规定时间上交	5	
	字迹清楚、填写规范、内容详尽完整	5	
	实训分析总结正确	5	
	能提出合理化建议和创新见解	5	

学习情境6 汽车专业面试礼仪

学习目标

1. 掌握汽车专业简历的制作过程;
2. 熟悉汽车面试相关礼仪;
3. 能够将简历的制作和面试相关礼仪应用到实际面试过程。

情境导入

某大公司高薪招聘,引来一大批高素质人才竞相角逐,经过一系列的挑选,剩下五人,接受最后面试。这些人都已过五关斩六将,以为最后的面试只是走走过场而已,无甚要紧。于是他们都满怀信心地走进经理办公室。这时,经理说,不好意思,年轻人,我有点事要暂时出去20分钟,你们能等我吗?五人异口同声地说,当然可以。经理出去了,在办公室里无聊等待的他们看到办公桌上有很多文件,便都凑过去,一摞摞地翻看,不亦乐乎。20分钟后,经理准时回来了,宣布面试到此结束。几个年轻人莫名其妙,不禁问:"我们还在等你呢,怎么就结束了?"经理说:"我出去的20分钟就是你们的面试时间,我们公司不需要未经人同意便随便翻看别人东西的人,虽然你们都很优秀但是连最基本的礼节都不懂,我们不要。"五人哑口,深为自己的鲁莽而懊悔。小行不检,大过也!通过此情境的学习,我们将会了解到面试时的礼仪有哪些规范?(图6-1)

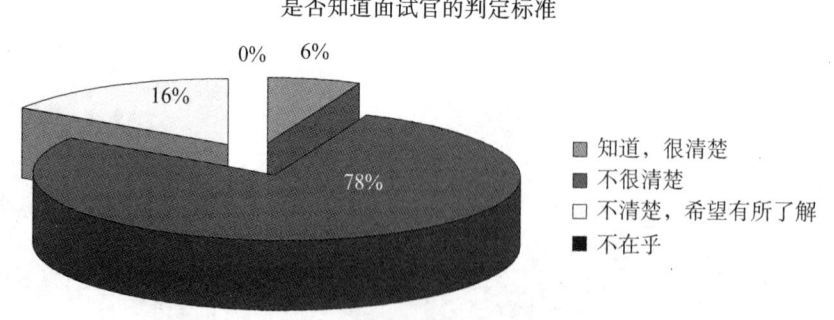

图6-1 标准虽重要 礼仪更重要

任务1 学习并演练汽车专业简历的制作

学习目标

1. 了解简历的重要性和目的性；
2. 掌握简历中应具备的具体内容；
3. 能够正确地制作简历。

学习内容

1. 简历的重要性；
2. 简历的目的；
3. 简历的内容；
4. 简历的制作方法。

知识准备

找工作的初级阶段，就是向你所心仪的公司或者职位投递简历。那么，对于所有求职者而言，简历代表你本人，尤其在面试者还未见到你之前，他所凭借的就是从简历上搜寻到的对你的印象，因此简历是自我介绍的重要媒介，求职者必须在一张A4纸中注入热情，用恰当的表达呈现出你的优势和独特，以及让招聘方感到"非你莫属"的适合度。

1. 简历的重要性与目的性

简历的作用就相当于战争中的战书，其重要意义不言而喻，一纸递出，或者引起对方的兴趣决定会会你，或者令对方不屑一顾塞进垃圾桶，其间境界，全靠作者的造化。作为一个求职者，如能拿出一份能够打动用人单位、令其对你产生见面一叙念头的简历，你便拥有了成功的一半。

究竟什么样的简历最受欢迎呢？一方面简历要写得好，另一方面招聘人员看简历只是扫描式的，最初看也就是5秒钟左右，写得不好就扔了。

简历应该具有以下三个目的：吸引用人单位的眼球；获得面试的机会；得到心仪的职位。

一份理想的简历表，必须"构架完备"，又能"彰显个性"，这就要做到"该有的都有"——主考官想知道的资料，滴水不漏；还要将"别人没有的我有"——这种与众不同的特质与优势，清楚地展现出来。

2. 简历的组成

一份完整的简历应该由封面、自荐书、个人简历和附件四部分组成。

1）封面

简历的封面应设计简洁，信息完整，求职意向明确。封面应包括姓名、所学专业、毕业院校、求职意向、联系方式等信息。其中，"求职意向"和"联系方式"为封面重要信息，切勿遗漏。

2）自荐书

自荐书是应聘者写给用人单位的、主要介绍自身情况的一封信。书写时应格式规范、语言流畅、段落清晰,围绕所学专业,结合应聘岗位,突出自身特点。末尾段,感谢语、祝福语、落款、署名和日期不要遗漏。

3) 个人简历

个人简历是简历制作的核心部分。简历制作的原则:内容真实、完整,格式统一,条理清晰,文字简洁,突出重点。内容应包括个人信息、教育背景、求职意向、社会经历。

(1) 个人信息。在一份简历中,个人资料通常要放置在最前端,好让主考官一目了然地知晓应征者的个人信息。在个人信息中,姓名、地址、电话和 E-mail 是必不可少的内容,尤其是电话和 E-mail 一定要写在最醒目的地方,让看简历的人可以非常容易找到求职者的联系方式。

(2) 教育背景。指以往教育的情况,自中学、高中到大学的学习情况介绍。对于应届毕业生,教育背景要比工作经历更为重要,因为相比其他社会求职者而言,你在工作经历这方面通常不占优势。

(3) 求职意向。求职意向写与不写各有利弊。写时要尽可能精练,不要写诸如"具有挑战性的职位"、"有继续向前发展的余地"、"有机会发展",等等,没有具体意思,而应具体明确你要从事的领域(如汽车营销或偏重汽车维修)以及所期望的工作职位的名称,如"销售代表"、"汽车维修工"等。

(4) 社会经历。社会实践经历,是用人单位较为关注的部分,也是用人单位考良是否采取面试的主要标准之一,包括校园实践、社会实践。对于汽车专业应届毕业生,简历中的社会经验通常包括所参加过得社会实践、兼职和实习三个方面。无论时间长短,有帮助即可写入。

建议:

① 年、月要标清;

② 把暑假工作当成实习;

③ 简单介绍下实习单位;

④ 交代清楚你的职位;

⑤ 写明你的工作内容和业绩;

⑥ 社会实践可以为弥补工作经历的不足。

(5) 获奖情况。指大学期间取得具有代表性的奖项。

建议:

① 奖学金——适当拉长,能细则细,甚至可以一项一行;

② 其他荣誉——如:优秀学生干部、优秀三好生、演讲比赛二等奖;

③ 好汉不提当年勇——高中阶段一般不写;

④ 不要将团队的荣誉加在你一个人头上。

(6) 外语/计算机能力。英语水平已经成为简历上必不可少的项目。对于大学英语四、六级证书,除非成绩很不一般,不然最好不列出具体成绩。取得过相关的证书或参加过相关的考试,只要成绩不错,都可列出,如托福××分,GRE××分。对于第二外语,除非与招聘职位有关,或者水平很高,否则不要写,以免有故意卖弄之嫌及"二把刀"露馅。另外,在描述计算机水平时,尽量不要使用"熟悉"这样的字眼,因为"熟悉"只等于知道,是一个很弱的词,说明不熟练、不常用。

4) 附件

附件是指除简历信息外,另需添加的附页。附件一般包括专业资格证书和具有代表性的获奖证书等。可以根据附件大小,通过扫描、缩小复印等方式,将2~4个证书等集中在一个页面上,同时要注意排版美观。

小组演练

1. 提出演练要求

(1) 每位同学在下列剧本中写出相应的简历;
(2) 演练之前,由指导老师扮演招聘公司带领全班同学进行本次应聘职位及要求的朗读;
(3) 朗读完毕之后,用15分钟的时间进行简历的制作与书写;
(4) 书写完毕后,由指导老师带领全班成员对小组简历制作情况进行点评;
(5) 6~8名同学为一组,选出组长,共六组,每组可共用一个模板;
(6) 以组为单位,分析本组中他人简历的优缺点;
(7) 各组全员参加,依次点评,最终选出本组中最好的简历由老师点评并完成学习评估表,见表6-3。

2. 进行演练

【案例背景】

下列为一4S店招聘销售顾问的招聘信息:

职位描述:①负责整车销售服务和进店客户咨询服务;②负责整理各车型的销售资料及客户档案;③负责开拓产品的销售市场,完成各项销售指标;④负责挖掘客户需求,实现产品销售;⑤负责售前业务跟进及售后客户维系工作。

岗位需求:①大专及以上学历,有驾驶证并驾驶熟练,形象好,气质佳;②主动性强,工作态度积极,热爱汽车销售工作;③有较强的事业心,勇于面对挑战;④良好的沟通和表达能力、应变能力和解决问题的能力,心理素质佳;⑤良好的团队协作精神和客户服务意识;⑥有销售经验或汽车专业优先。

【参考模板】

① 封面

封面应包括姓名、所学专业、毕业院校、求职意向、联系方式等信息,可以自己制作。

② 自荐信

下面是一篇自荐信的例文可供参考。

尊敬的领导:

您好!我是××××技术学院应届生,面临择业,我选择应聘于我专业对口的贵公司的汽车销售顾问。我满怀憧憬和期待,并将我的求职信呈上,敬请审阅。

十几年的寒窗苦读造就了自强不息的我。我明白,现代社会,机遇与挑战并存;我懂得:只有不懈的努力才会有好的收获。正是凭着这种信念,我以乐观向上的进取精神,勤奋刻苦的学习态度,踏实肯干的工作作风,团队合作的处事原则,开拓进取,超越自我,力争成为一名有创新精神,积极开放的复合型人才。大学生活是我人生中最重要的一个阶段,是我探索人生,实现真值,超然智慧,走向更加成熟的过程。在这期间我认真学习了课本上的知识,并且修读专业课程。

几年来,我立志做一个学好此专业的优秀大学生,我不仅有扎实的理论基础,而且有一定的实际操作能力以及吃苦耐劳的团队合作精神。出生于普通家庭使我具备了勤奋、吃苦、务实、向上的精神和作风。简朴生活铸就了我淳朴、诚实、善良的性格,培养了我不怕困难挫折,不服输的奋斗精神。

大学期间,我不断完善自己的知识结构,提高自己的综合素质。多次参加社会实践,并且能够理论联系实际。在校内外积极参加的实践中,检验自己所学的知识的同时,使自己具备了较强的分析问题和解决问题的动手能力。

"天道酬勤",我拥有一个健康的自我,坚持原则而富有创新,自信成熟而充满朝气。我愿凭着这个自然的我以最诚挚的心接受您的挑选。现实社会中,人才济济,我能否够脱颖而出,惟有实践检验真知。回首过去,是我用于探索求学的知识蕴积之路;展望未来,将是我乐于奉献于业务的事业开拓之途。

贵公司所开创的业绩和远大前景我仰慕已久。我深信我会用自己勤勉的汗水与同仁一道为贵公司的锦绣前程奋斗不息! 我真诚希望成为其中一员,从基层做起。以下是个人求职简历,期盼与您的面谈! 相信您的信任和我的勤奋的结合将会为我们带来共同的成功。蒙阁下抽暇一顾此函,不胜感激! 谨祝工作顺利!

此致

敬礼!

自荐人:×××
×年×月×日

③ 个人简历(表6-1)

表6-1 个人简历

个人简历				
★ 基本情况				
姓名		性别		
出生日期		民族		
籍贯		政治面貌		
毕业院校				
专业		学历		
联系方式	电话			
	通信地址			
	电子邮箱			
★ 教育经历				
★ 已获得有关资格认证				
★ 获奖情况				

(1) 根据老师提供的招聘信息,讨论 10 分钟。

(2) 进行简历分析

进行分析的过程中,可以将自己假想成企业的人事人员。观察其他同学简历中的优缺点,根据表 6-2 进行概括。

表 6-2 简历分析表

制作过程记录	
简历存在的问题	
简历中的亮点	

(3) 案例主题

应聘案例中的汽车销售职位。

(4) 简历制作

简历制作可以自由发挥,准备时间 30 分钟。

3. 学习评估

指导老师根据各组员的个人表现及其所在小组的团体表现,对其演练过程进行评估。评估标准如表 6-3 所示。

表 6-3 学习评估表

评估内容	满分	得分
1. 封面	20	
2. 自荐书	20	
3. 个人信息	10	
4. 教育背景	20	
5. 求职意向及社会经历	20	
6. 英语、计算机水平	10	

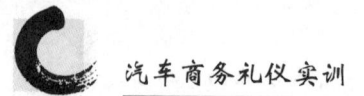

任务2 学习并演练汽车专业面试的相关礼仪

学习目标

1. 了解汽车专业面试前应准备的内容及面试的种类；
2. 掌握面试的程序；
3. 能以正确的言谈举止和仪容仪表进行面试。

学习内容

1. 面试前的准备；
2. 面试的种类；
3. 面试的程序；
4. 面试的礼仪；
5. 面试时的注意事项。

知识准备

现代生活中，个人礼仪问题已经上升到了一个前所未有的高度，服饰打扮、举止言谈、气质风度、文明礼貌，无一不在影响着你的形象，决定着你的前程和命运。面试，就是当面考试。懂得礼仪，就能拿到加十分，就最先通过，最先得到第一桶金。

礼仪常识要求求职者在面试的过程中自信、乐观，符合礼仪要求，履行礼仪规范，只有这样，才能更加顺利地击败对手，成功求职。然而这一过程之前的敲门砖——简历就显得尤为重要，简历通过了，才能取得面试的机会。

1. 面试前的准备

1) 信息准备

明确面试前的三要素——When(时间)、Where(地点)、Who(联系人)：一般情况下，招聘单位会采取电话通知的方式。这时需要仔细聆听，万一没听清，可礼貌地询问。对于一些大公司，最好记住联系人。不要自以为只有人事部负责招聘，在大公司里有时人事部根本不参与面试、招聘，只是到最后才介入，办理录用手续。关于地点，要本着以勤为本。若不熟悉，最好事先查看地形。

具体了解的信息可包括：企业所在国家背景、企业所处整体行业情况、企业产品、企业客户群、企业竞争对手、企业热门话题以及企业的组织结构。在当今这个信息时代，不妨到企业的主页中转转，一定会有很大收获。当然尽管面试前为自己灌输了这么多企业的信息，可千万别一古脑全倒给人家，自然而然地流露出来才能达到真正的目的，不要有卖弄之嫌，反而扣分。

2) 问题准备

仔细考虑：他们会问我些什么呢？思考对策。同时要清楚自己想了解些什么呢？找机会询问。例如：

(1) 打开局面的问题

- 我们这里难找吗？

- 你是这么知道这份工作或单位的?
- 你了解我们公司吗?

(2) 工作历史、学习历史相关问题
- 谈谈你的学习经历。
- 说一说你曾作过的一项艰难决策。

(3) 工作能力相关问题
- 你如何计划自己的时间?
- 你自己认为你的教育(或工作)中的哪些方面最为关键?
- 你的成功来自哪三方面的原因?
- 你是如何调动别人的积极性?

(4) 求职动机相关问题
- 描述一下你"梦想中"的工作?
- 按重要程度排列下面几个因素:工作职责、工作小时数、薪水、工作环境?
- 什么样的主管能让你的工作最出色?

(5) 本人背景相关问题
- 你是事先预测问题,还是遇到问题后做出反应?
- 你认为自己是一个勇于冒险的人,还是一个寻求保险的人?
- 在1分到10分之间,你给自己打多少分?
- 你是事先预测问题,还是遇到问题后做出反应?
- 你认为自己是一个勇于冒险的人,还是一个寻求保险的人?

(6) 团队精神相关问题
- 你喜欢和什么样的人一起工作?
- 你怎么安排和利用闲暇时间?
- 你如何与自命不凡的人打交道?

(7) 承受压力相关问题
- 真实与舒服二者,哪个对你更重要?
- 你在游泳池中游泳,池中水有点凉,你是那种一跃跳入池中的人,还是那种慢慢涉入水的人?
- 对于好消息和坏消息,你更愿意先听哪一个?

(8) 结束性问题
- 你何时可以上班?
- 你愿意出差吗?
- 你还想了解其他信息吗?

3) 仪表准备

对于仪容仪表的准备可参考本书汽车商务着装礼仪一节内容。具体应符合以下七项原则(图6-2):

(1) 服装要得体;
(2) 鞋子要相配;
(3) 袜子很重要;
(4) 饰物少而精;
(5) 发誓要适宜;

图6-2 面试时仪表示例

(6) 化妆淡而美；

(7) 注意手指甲。

4) 心里准备

(1) 保证睡眠。不要采取消极态度,觉得能睡多少睡多少吧。一定要按正常作息,保证足够的睡眠。不过有些人可能会兴奋过度或娱乐过头,导致自己第二天疲惫不堪,无精打采；有些人打破作息规律,早早就上床,睡得自己头昏脑胀,眼睛浮肿；还有一些人呢,紧张过度,死活睡不着。休息好很关键。

(2) 早饭。按日常习惯最好。为什么说要按日常习惯呢？这不仅是个生理问题,同时也是个心理问题。如果在面试时突然感觉饿了,就极可能一下子变得很紧张。越紧张就越觉得饿,而越饿就越紧张。这样恶性循环,使得一个小的生理反应变成了一个大的心理反应。所以为了使自己放松些,可以早晨起来慢跑一会儿,以保证一个好心情。

(3) 建立自信。对于失业者,再就业并重建自信心是很关键的。但一定要记住,阳光总在风雨后,乌云散了有晴空。还有一些人,由于面试了很多次,经常是到最后一轮给刷了下来。久而久之,信心全失,认为自己是等不到"中举"的那一天了。其实一定要记住,付出了总会有回报,只是时间的问题。成功总属于执著的人。当一个人保持一种积极的态度和一个良好的精神状态时,坏事会变好,好事也会变得更好,无论什么事您都能泰然处之。但当一个人情绪低落,态度消极时,眼前看到的便全是黑色事件,倒霉的事接踵而至。其实这都是一些心理的主观因素在做祟。用一颗平常心、一颗充满阳光的心去看这个世界,您会发现其实这世界很美。乐观一些,您会天天充满自信。

2. 面试的种类

1) 按人员编排分类：招聘人员→应聘人员(图6-3)

(1) 一对一,属于"单打独斗"。

图6-3 招聘人员→应聘人员(一对一)

图6-4 面试"舌战群雄"类

(2) 两人或两人以上对一个,通常是由一个应聘者面对数名考官,属于"舌战群雄"类(图6-4)。

(3) 一人对一组,校园面试中常见,通常是由一名公司的招聘经理面对一组应聘者,属于"群英会"类。这种面试需要注意如何在群体中表现得当,既要积极活跃,又不能抢尽风头,对别人构成压力或威胁(图6-5)。

图 6-5 面试"一人对一组"类

2) 按阶段分类

（1）初步筛选。被面试者众多，每人分得的时间有限，而面试人员的级别也不甚高。

（2）多轮选拔。到这一阶段，通常都是级别比较高的人来面试您，面试的时间也会更长些，程序也更复杂些。而某些大的公司，招聘一名高级人员平均要进行多达三十多轮的面试；面试周期更可长达三个月至六个月。

（3）最后一轮。这可是最关键的一环，千万不要掉以轻心！第一，对于应聘者而言，有时也摸不准哪次会是最后一轮；第二，即使是被明确告知这是最后一轮了，或许还要见人。所以在有些情况下，不能确定这是否真是最后一轮面试，不能有任何松懈情绪。

3) 按型式分类

（1）标准程序。开始—中间—最后。

（2）非标准程序。面试人员想到哪儿问到哪儿，随意性极强。遇到这种情况的确比较难应付，面试前无从准备，只能靠临场发挥。

（3）专业定向。一方面考察应聘者的专业知识，另一方面有的招聘者也会通过面试大量业内应聘者从而了解业内同行的发展情况。所以有时考察是虚，搜集情报才是实。应聘者需要察言观色，拿捏好分寸。

（4）场景面试。类似场景小测验。应聘公司会虚拟所申请职位的工作环境，让应聘者直接进入工作角色，从而测试其能力。

（5）案例面试。一些大公司如：大众，宝马等大型汽车公司经常会采取通过一个一个的案例分析来面试应聘者。

（6）轻松随意型面试。真的可以轻松一下了吗？NO！这"轻松"两字的学问可大了。如：吃饭，会见临时客户等。

3. 面试的程序

1) 寒暄、问候

可别小瞧这几句口头语，它可是至关重要的开场白。所谓"前三分钟定终身"，这是招聘经理们从来都不愿承认的公开秘密。开场白是给面试考官的第一印象，从言谈举止到穿着打扮将直接影响到被录用的机率。知道既然已被通知去面试，说明背景已基本合格，那么面试者主要看什么呢？气味相投——应聘者必须能够和这个企业，和企业中的员工气味相投。

寒暄问候的主要话题有：天气、一路的交通、办公室附近的建筑物（一定要事先弄清大建筑物的英文怎么说）、时事以及近日的热门话题等。

2）公司简介

招聘经理会简明扼要地介绍一下公司的情况。

3）被告知程序

这时已开始进入正题。面试长官或许会把面谈的整体程序安排预先告诉您，以消除您的紧张情绪。

4）走一遍简历

（1）确认大环节。千万不要在简历里做假或夸大其辞，否则很容易被当场戳穿。可别小瞧了那些招聘经理，他们一个个可都是火眼金睛。

（2）对简历中的可疑部分提问。当然招聘经理们会避免直截了当的提问，而把具体的疑问藏于貌似不经意的小问题之中。

（3）套情报。面试者会从应聘者的学校生活谈起，寻找轻松的话题，勾起对往昔的美好回忆。而当聊兴正酣，已滔滔不绝时，应聘者的工作的信息也在不知不觉中传入了他的耳朵。到底应该透露给对方多少自己的信息呢？这个问题要靠大家自己拿捏。

5）轻松话题

一般由应聘者在简历的个人信息部分中所列举的细节中提取话题，比如聊一聊您的兴趣爱好、外语水平、将来打算或校园生活等。要知道除了业务和学历外，白领之间的人际融合也很重要，兴趣相投是相互融合的前提。这就是为什么只有志同道合的人才能打成一片。

6）向招聘经理提问

出于礼貌，起码应该问一个问题。此时若一言不发，会给对方造成两种印象：

（1）对该企业没多大兴趣，因此实在没啥可问的，这样当然会惹恼招聘经理；

（2）没有能力提出好问题，这样招聘经理会认为您是个笨瓜，而且反应迟钝，不会应酬。

其实您对这个企业很感兴趣而且也的确不笨。况且既然从没在这个企业干过，总该有您不懂的地方吧。那还犹豫什么？放心大胆地问吧。

4. 面试礼仪

1）严格守时

（1）不能迟到

迟到会影响自身的形象，而且大公司的面试往往一次要安排很多人，如果迟到一次，就很可能与这个公司永远的失之交臂了（图6-6）。但招聘人员是允许迟到的。这一点一定要知道，否则，招聘人员一旦迟到，您的不满情绪便会流于言表，这样招聘人员对您的初步印象就大打折扣了。请注意上次提到的"前三分钟决策原则"，因此您一旦稍露愠色，就满盘皆输了。

况且招聘人员的确有其迟到的理由：一是业务人员作招聘时，公司业务自然优于招聘事宜，因此可能会因业务而延误了时间；二是前一个面试长于预定的时间；三是人事部或秘书没协调好，这种情况经常发生。

图6-6　面试需要守时

还有的主管人员由于整天与高级客户打交道，做招聘时难免会有一种高高在上的感觉，因此对很多面试细节都会看得比较马虎，这样也就难免搞错。也有人故意要晚，这也是一种拿派的方式，因此对招聘人员迟到千万不要太介意。记住,现在是在求职,而不是别人在求您上岗。

(2) 最好提前 10～15 分钟到,熟悉一下环境

【案例】

卡耐基的故事:

有位卡耐基总部的副总裁来香港给培训老师讲课。培训中心地处铜锣湾,这位副总裁下榻的饭店也在铜锣湾,不过五分钟的路程,可他却整整提前了半个小时。我们的老师就问他,为什么提前这么早到。这位副总裁说:"我早到,心里就踏实,就能镇定一下,就更有自信了。我们搞心理培训的人都明白,如果一旦迟到,就很容易心怀愧疚,在课堂上的发挥以及在逻辑思维、语言表达方面都会大打折扣了。"听了这一席话以后,每次培训他也都提前到达。这样即使遇上交通堵塞,也有一定的富余量。

如果有长距离的交通,宁可早到 30 分钟,甚至一个小时。现在城市路上堵车的情形也很普遍,而且对于不熟悉的地方也难免迷路。但早到后不宜提早进入办公室,最好不要提前 10 分钟以上出现在面谈地点,否则聘用者很可能因为手头的事情没处理完而觉得很不方便。外企的老板往往是说几点就是几点,一般绝不提前。当然,如果事先通知了许多人来面试,早到者即可提早面试或是有空闲的会议室等候,那就另当别论。对面试地点比较远,地理位置也比较复杂的,不妨先跑一趟,熟悉交通线路、地形、甚至事先搞清洗手间的位置,这样就知道面试的具体地点,同时也了解路上需要的时间。

(3) 把握进屋时机

如门关着,应先敲门,得到允许后再进去。开关门动作要轻,以从容、自然为好。进屋后,若发现招聘人员正在填写上一个人的评估表,不要打扰,表现得理解与合作。但也不要自作聪明,在招聘人员不知晓的情况下等在门外不进去,这是不对的。对招聘人员来说,什么时候填写评估表,写多长时间,都是他自己的工作安排;但对您来说,如果面试的时间到了,您就应该按点敲门。有的人会让您进来在屋内等一下,您就按他的安排做,不要东张西望、动手动脚、闭目养神或中间插话。这段时间虽然会比较难熬,但忍一忍也就过去了。如果实在无所事事,边上又有可以看的杂志,那么在经过允许之后,可以翻阅。

2) 大方得体

(1) 入座的礼仪

进入面试场合时不要紧张。见面时要向招聘者主动打招呼问好致意,称呼应当得体。在面试官没有请你坐下时,切勿急于落座。请你坐下时,应道声"谢谢"。坐下后保持良好体态,切忌大大咧咧,左顾右盼,满不在乎,以免引起反感。

(2) 茶饮的礼仪

进屋后,招聘人员问您喝什么或提出其他选择时,一定要明确的回答,这样会显得有主见。最忌讳的说法是:"随便,您决定吧。"这样说不外三个原因,一是中国人的语言习惯;二是出于好心,希望就着人家的方便;三是受到父辈的影响,觉得到别人那里喝什么吃什么是别人赐予的东西,不应该大言不惭的直接要求。其实,招聘人员给您喝的都是公司的正常支出,大可不必不好意思。大公司最不喜欢没有主见的人,这种人在将来的合作中会给大家带来麻烦。

(3) 见面的礼仪

面试时,应试者应当与主考官保持目光接触,以表示对主考官的尊重。

目光接触的技巧是:目光接触不要匆忙移开,可保持两三秒再移开到考官的鼻梁,或者额头、鼻尖等处,每次 15 秒左右,然后自然地转向其他地方(图 6-7),切忌躲避闪烁。

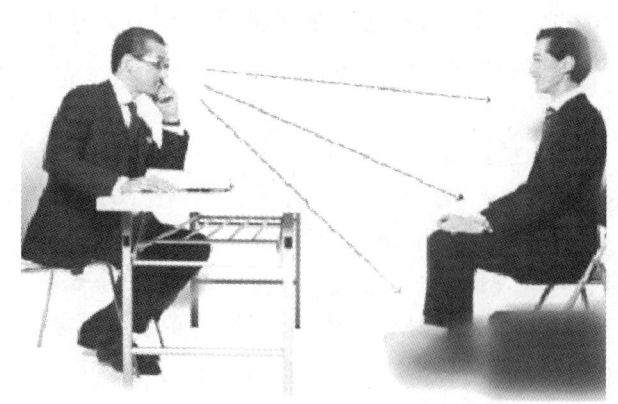

图 6-7 面试时目光接触的角度

面试时,应注意保持一定的距离,中国人的距离,以 45 厘米以内为过于亲密;45～120 厘米为两人交谈最佳距离;如果隔着桌子,距离应该在 120～210 厘米;如果 210 厘米以上,显得过于冷漠。

(4) 自我介绍

自我介绍的内容应事先有所准备,介绍时,注意要充满自信,举止大方;更要注意自尊和自谦;介绍的内容要有针对性(学历、经历、能力及个性特征);缺点要点到为止;过程中举止庄重;应保持音调平静,音量适中,回答简练,不带"嗯"、"这个"等无关紧要的习惯语。

(5) 应答的礼仪

应答时要保持诚实坦率、轻松自如;过程中可以进行适当的提问;切忌滔滔不绝、讲话妄自尊大、妄加评论、出言不逊;注意声调、语气和音量;必须戒掉口头禅。

(6) 讨论约见下次时间

如要约谈下一次,有两种极端要避免:一是太随和,说什么时间都行,这样会显得自己很无所事事;二是很快就说出一个时间,不加考虑。较得体的做法是:稍微想一下,然后建议一到两个变通的时间,不要定死,而是供人选择,这样相互留有余地。即使手头有五个可行的时间,也别统统说出来,会显得罗嗦。而且别人一旦觉得应聘者空闲的时间太多就会随其所愿随便约定,这样就会带来不便。打个比方,如果去电影院看电影,若整个影院都是空的,那么您也许会为了找一个合适的位子花上三分钟的时间,把每个座位都试着坐一坐。招聘人员也可能有这样的心理。您先给他一两个时间,如他觉得不合适,他自然马上会说他可行的时间,只要他所提的时间与您的某个空闲吻合,问题就解决了。但他提的时间万一还不行,您不妨抛出下一套方案。

(7) 告别礼仪

面试结束后应该站起来对面试者表示感谢,告别时可以主动与考官握手。并在面试结束后,分析一下自己在面试中得与失。

5. 面试问题汇总

以下是面试题库,注意,面试的过程中所有问题均无标准答案,主要是通过询问,判断应聘者的素质和能力。

1) 表达能力

表达能力评价表如表 6-4 所示。

表6-4 表达能力评价表

题目	考察点
1. 简单介绍自己的基本情况,时间不超过三分钟	应聘者能否在有限的时间内,流畅、有条理、层次分明地进行表达。表达中的语速、语态如何,思路、逻辑是否清晰,声音、口音是否能满足受众需求
2. 请你用首先、其次、第三……的顺序,讲述你在学校(或原单位)做的最成功的一件事	
3. 最近发生的××事件(国际、国内大事)的起因、经过和结果如何?	
4. 请讲述一次让你很感动的经历	

2)职业态度

职业态度评价表如表6-5所示。

表6-5 职业态度评价表

题目	考察点
1. 你最喜欢的工作是什么?为什么?请谈谈你在选择工作时都考虑哪些因素?如何看待待遇和工作条件?	判断对方的应聘动机和目的,判断对方在本公司的适应性和稳定性。尽可能排除仅为找工作而找工作的应聘者,也应排除条件明显高于岗位需求的应聘者。判断应聘者的职业态度和进取心,是否具备应聘岗位要求的心理素质
2. 你为什么选择来我公司工作?你对我公司了解些什么?你为什么应聘这个职位?	
3. 你对我公司提供的工作有什么希望和要求?	
4. 你认为在一个理想的工作单位里,个人事业的成败是由什么决定的?	
5. 你为什么要选读这个专业?你所学的专业和我们的工作有何关系?	
6. 你更喜欢什么样的公司?你个人有什么抱负和理想?你准备怎样实现它?	
7. 你认为这次面试能通过吗?理由是什么?	
8. 你认为成功的决定性因素是什么?	
9. 你的职业发展计划是什么?如何实现这个计划?	

3)岗位适应性

岗位适应性评价表如表6-6所示。

表6-6 岗位适应力评价表

题目	考察点
1. 你认为公司管得松一些好还是紧一点好?	主要观察对方对组织制度、纪律的态度,是否言不由衷,判断应聘者的对岗位的适应性、组织纪律性、诚实可靠性
2. 你在工作中喜欢经常与主管沟通、汇报工作,还是最终才做一次汇报?	
3. 你如何看待超时和周末、休息日加班?	
4. 你认为制定制度的作用是什么?怎样才能保证制度的有效性?	
5. 就应聘者某一方面的具体情况进行追问	

4)分析判断能力

分析判断能力评价表如表6-7所示。

表6-7 分析判断能力评价表

题目	考察点
1. "只要闭上眼睛,世界上就没有悬崖。"这句话对不对?	观察应聘者的观察问题、分析问题是否全面,角度是否偏颇、极端。是否能根据自己的推导、论证得出相应的结论
2. 车越来越多,路越来越堵,但为什么还要发展汽车工业呢?	
3. 吸烟有害健康,但烟草业对国家的税收有很大的贡献,你如何看待政府采取的禁烟措施?	
4. 我们公司招聘一个财务人员,你觉得都需要什么条件呢?	

5) 应变能力

应变能力评价表如表6-8所示。

表6-8 应变能力评价表

题目	考察点
1. 在实际工作中,你做了一件好事,不但没人理解,反而遭到周围人的讽刺和挖苦,这时你会如何处理?	观察应聘者的反应能力,能否在有限时间内做出合理反应。反应的时间作为主要参考因素,若对方在20秒内还没有回答,自然转入下一个问题,反馈的时间、合理的反应作为主要参考因素
2. 在一次重要的会议上,领导做报告时将一个重要的数字念错了,如不纠正会影响工作。这时你会怎么办?	
3. 你的工作已经完成上交,但你突然发现有一个不大不小的错误,如果修正它,会耽误上交期限,如果不修正,可能会给将来带来隐患,你怎么办?	

6) 沟通协调能力

沟通协调能力评价表如表6-9所示。

表6-9 沟通协调能力评价表

题目	考察点
1. 你在学校(原单位)担任过什么社团(业余组织)工作?	全面观察对方的组织协调能力、人力关系与适应能力。观察应聘者的自知力和自控能力。 同时观察对方的性格特点,判断与现有团队能否融合
2. 你有几位知心朋友?你喜欢和什么样的人交朋友?	
3. 从一个熟悉的环境转入陌生的环境,你会怎样努力去适应?大概需要多久?	
4. 你更喜欢主动地开展工作还是由上级指挥工作?你喜欢独立工作还是与别人合作?	
5. 你最突出的优点是什么?你有什么缺点?	
6. 你喜欢什么运动?你业余时间怎么度过?你喜欢什么电视节目?喜欢读哪些书籍?	

小组演练

1. 提出演练要求

(1) 每位同学在下列剧本中想好相对应的应对方式;

(2) 演练之前,由指导老师扮演招聘公司带领全班同学进行本次应聘职位及要求的朗读;

(3) 朗读完毕之后,同学利用15分钟的时间进行讨论和准备;

(4) 准备完毕后,由指导老师带领全班成员对小组分组进行演练;

(5) 6~8名同学为一组,选出组长,共六组;

(6) 以组为单位,进行相互做主考官与面试者,教师监督,面试官的问题可从前面的表格中选取。最终选出一位所有组员认为表现最好的同学进行在全班同学面前演练,并由其他组点评;

(7) 各组全员参加,依次上台表演,老师点评并完成学习评估表,见表6-11。

2. 进行演练

【案例背景】

下列为一4S店招聘销售顾问的招聘信息:

职位描述:①负责整车销售服务和进店客户咨询服务;②负责整理各车型的销售资料及客户档案;③负责开拓产品的销售市场,完成各项销售指标;④负责挖掘客户需求,实现产品销售;⑤负责售前业务跟进及售后客户维系工作。

岗位需求:①大专及以上学历,有驾驶证并驾驶熟练,形象好,气质佳;②主动性强,工作态度积极,热爱汽车销售工作;③有较强的事业心,勇于面对挑战;④良好的沟通和表达能力、应变能力和解决问题的能力,心理素质佳;⑤良好的团队协作精神和客户服务意识;⑥有销售经验或汽车专业优先。

该同学已经投递简历,并收到本周日9点在该4S店某会议室进行面试的通知。

【参考剧本】

面试这一天到来了,求职者8点半来到事先熟悉好的该4S店,看看时间尚早,静候等待一刻钟后进店。

求职者到达面试的会议室门口,此时已有其他求职者在此等候。此时,工作人员向每位面试者发应聘表格,过程中,应聘者应参照早已准备好的简历,填好每一栏后交给面试官,等待面试官叫自己的名字。

面试官:请简单介绍自己的基本情况,时间不超过3分钟。

应聘者:作为汽车专业的一名毕业生。在学校期间,我始终以提高自身的综合素质为目标,以自我的全面发展为努力方向,树立正确的人生观、价值观和世界观。通过三年的学习和生活,并参加了多次社会实践,我有健全的人生观,正确的政治方向,有一定的分析问题、解决问题的能力,并有较强的动手能力。

通过系统完善的汽车专业知识的学习,本人具有扎实的专业基础知识,并且有一定的汽车管理知识。通过课外大量猎阅图书馆中汽车类书刊资料。

本人了解中国汽车产业发展动态方向,特别是汽车后市场服务领域。知道汽车维修行业发展现状及趋势。善于学习新的知识方法工艺,分析和解决问题的能力强,能够熟练地利用互联网查询汽车维修资料,收集本行业最新信息。

脚踏实地是立足社会的根本,也是我时刻铭记的一句话。拥有良好的职业素质和职业操守,能够忠于自己的企业,将个人的职业生涯规划与企业的发展紧密地结合。勇于创新,善于开创,能承受较高的工作压力;吃苦耐劳,注重合作,具有年轻人火一样的工作热情和活力。

欲成为一个汽车销售经理,将是我一直努力和奋斗的目标。当然在这个人才济济的社会中我不一定是最好的,但我一定会努力地挤身于这一优秀的行列之中。在中国汽车销售行业中实现自己的社会价值。

面试官:你为什么选择来我公司工作?你对我公司了解些什么?你为什么应聘这个职位?

应聘者:成为贵公司一员一直是我所向往的,从刚入大学就了解××这个品牌,对这个品牌情有独钟,希望贵公司给我做销售这个品牌的车的机会,我希望自己能在销售这个职位中有更好的发展空间,也希望能在公司能够多多学习。

面试官:那做销售很累的,你如何看待超时和周末、休息日加班?

应聘者:我完全可以接受周末加班,因为在我认为销售这一行业,顾客闲暇时光就是我们应该最忙的时候,这样才有更多的客户。

面试官:那么你简历上写你在学校汽车协会中担任协会主席,举例说明你们协会做过的活动。

应聘者:组织过全校性的汽车专业知识竞赛,整个过程包括前期宣传,中期比赛,后期的决赛以及颁奖,过程中我们邀请了学校的各级领导作为评委,并获得了学校内部的移动动感地带的赞助,竞赛最终取得了圆满成功。

面试官:好的,可以了。

应聘者:谢谢!

应聘者应鞠躬后离开。

(1) 根据老师提供的脚本,排练10分钟。

(2) 演练过程中,其他成员结合演练脚本内容和演练人员的表现,根据表6-10的内容进行概括。

表6-10 演练分析表

演练过程记录	
同学在面试的过程中不足的地方?	
同学在面试的过程中值得称赞的地方?	

(3) 案例主题。

该同学已经投递简历,并收到本周日9点在该4S店某会议室进行面试的通知。

(4) 剧本编写。

面试时具体情况可由教师当场确定,准备时间30分钟。

3. 学习评估

指导老师根据各组员的个人表现及其所在小组的团体表现,对其演练过程进行评估。评估标准如表6-11所示。

表6-11 学习评估表

评估内容	满分	得分
1. 面试前的准备	20	
2. 仪容仪表	30	
3. 面试时问题的回答情况	20	
4. 面试时的礼仪	30	